JN410425

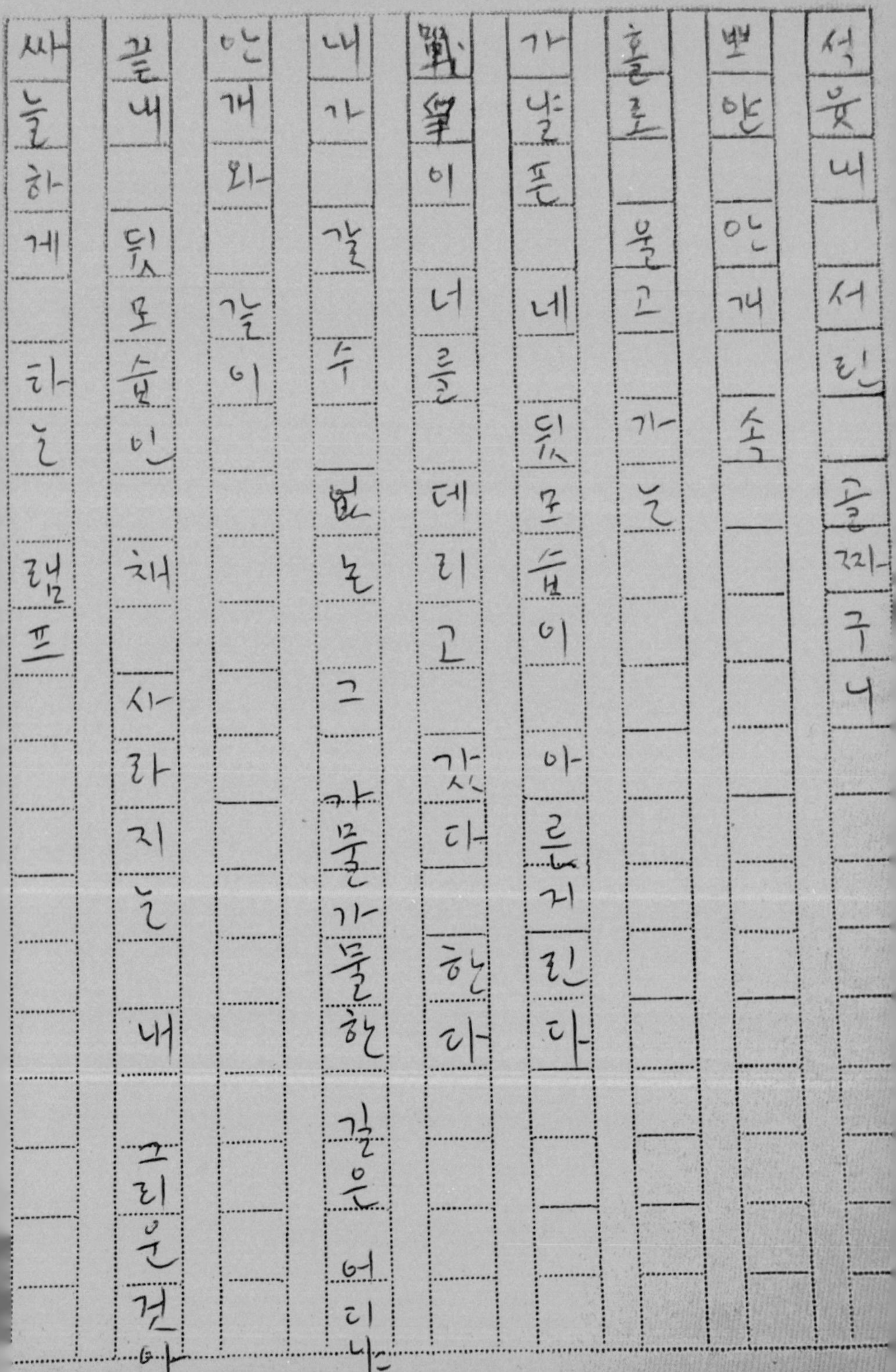
석윳내 서린 골짜구니
뽀얀 안개 속
홀로 울고 가는
가냘픈 네 뒷모습이 아른거린다
戰爭이 너를 데리고 갔다 한다
내가 갈 수 없는 그 가물가물한 길은 어디니
안개와 같이
끝내 뒷모습인 채 사라지는 내 그리운 건아
싸늘하게 타는 램프

램프의 詩 (一)

날마다 켜지던 窓에
오늘도
램프와 네 얼굴은 켜지지 않고
어둑한 黃昏이 제집인양 들어와 앉았다
피라도 보고 본 듯 선득선득한 느낌
램프를
그대 듯한 것은 켜자
얼어서 찬 등피에 호오 입김이 [illegible] 되어 갈앉으면

램프의 시

유정 시전집
램프의 시

초판 1쇄 2024년 5월 15일
초판 2쇄 2024년 12월 10일

엮은이 / 세리카와 데쓰요·박진형
펴낸이 / 박진환

펴낸 곳 / 만인사
출판등록 / 1996년 4월 20일 제03-01-306호
주소 / 41960 대구광역시 중구 명륜로 116
전화 / (053)422-0550
팩스 / (053)426-9543
전자우편 / maninsa@daum.net
홈페이지 / www.maninsa.co.kr

ⓒ 유정, 2024

ISBN 978-89-6349-188-2 03810

값 25,000원

* 이 책의 내용의 전부나 일부를 사용하려면 반드시 저작권자나 만인사 양측의 동의를 받아야 합니다.

유정 시전집

램프의 시

세리카와 데쓰요·박진형 편저

| 책을 펴내며 |

유정 시전집 『램프의 시』를 펴냄에 따라 편집자의 한 사람으로, 유정 시인과 필자의 만남에 대해서 한마디 하려고 한다.

나는 1972년 봄에 한국에서 한국문학을 공부하러 서울대학교 대학원 국어국문학과에 입학하였다. 1975년 석사과정을 마치고, 박사과정에 입학하려고 했다. 학업을 계속하기 위해서는 경제적인 문제가 걸림돌이었기 때문에 일자리를 찾고 있었다. 그때 마침 어떤 교수 소개로 수도여자사범대학(지금의 새종대학교) 일문학과 교수였던 유정 선생님을 만난 것이다. 1976년 봄부터 강사로 나가기 시작했는데, 가을부터는 학생 신분이 아닌 취업 자격을 얻어 전임강사로 일하게 되었다.

유정 시인은 작가 연보에 써진 것처럼 젊었을 때 일본에서 저명한 시인이었던 호리구치 다이가쿠〔堀口大學〕의 추천을 받아 시인으로 출발했고, 일본어 시집과 단가집을 출판하여 장래 시인으로 촉망받았던 분이었다. 그러나 일본의 패전으로 귀국했다. 귀국 후에는 한국어 공부를 다시 시작해서 한국어로 시를 쓰기 시작했다. 그러면서 이태준의 작품, 홍명희의 『임꺽정』 등 소설과 시집을 많이 읽었다고 한다.

유정 시인은 일본에 있을 때, 고향이 같은 시인 김종한, 이용악, 함윤수 시인들과 깊은 교류를 했다고 한다. 그래서 해방 후에는 그들에 대한 평론과 그들의 시집에 대한 발문 등을 썼다. 1956년에는 시인 이봉래와 함께 『한국시인전집』 전3권(학우사, 변영로가 서문을 씀)을 내기도 했다. 그 후, 뒤에 실린 주요 저서와 번역서 목록에는 실리지 않았지만, 일본문학 분야를 출판 기획하여 공동 집필한 것으로 『노벨문학상전집』 전18권(신구문화사, 1966), 『현대세계문학전집』 전24권 중 일본문학 6권(신구문화사, 1970), 『일본어대강좌』(집필·편집, 아진출판사, 1973), 『백과일한대사전』 전6권(공동 집필·감수, 한영출판사, 1978) 등은 큰 업적으로 평가된다.

앞으로 남은 과제는 시의 제목은 알면서 「그리움」, 「별」 등, 그 시가 실린 잡지를 아직 찾지 못했는데, 그것들을 찾아내는 것이다. 또한 해방 전에 일본에서 간행된 일본어 시집 『春信』(京都 臼井書房, 1941), 단가집 『傷つける魚』(지카자와 近澤書店)를 찾아서 그 내용을 살펴보는 것이다. 일본어로 써진 것이라서 한국문학의 범주에 넣기는 어려우나, 유정 시인의 시세계를 이해하는 데 도움이 되리라고 생각한다.

끝으로 유정 시전집 『램프의 시』를 펴내는데 있어서, 도움을 주신 많은 분들께 감사드린다. 특히 열정적으로 아버님의 시집을 내기 위해 노력한 시인의 아드님인 유민 교수, 유정 시인을 각별히 사랑하고 편집 작업을 꼼꼼히 해주신 만인사 박진형 대표님, 자료 수집을 도와준 단국대학교 강사 신미삼 여사, 유정 시인의 육필을 복사해준 김수영문학관 김은씨에게 깊은 감사의 뜻을 보낸다.

2024년 봄날

세리카와 데쓰요(芹川哲世)

차 례

차 례

2부 발표·미발표시

3부 산문

4부 발문·평론

유정의 생애와 작품 연보

일러두기

1. 『유정 시전집』은 시집 『사랑과 미움의 詩』(弘字出版社, 1957년 11월 30일)와 발표·미발표의 유정 시의 정본을 확립한 것이며, 발표 당시의 표기를 살려 별도로 원본을 수록하였다.

2. 정본과 원본의 배열은 시집과 작품의 발표 순서를 따랐다. 정본은 시집 『사랑과 미움의 시』를 중심으로 한 작품들을 1부로, 여러 매체에 발표한 작품들은 2부로 나누어 엮었다.

3. 시집 『사랑과 미움의 詩』에 수록된 시를 원본으로 삼고, 신문과 잡지, 여러 매체에 발표한 시는 중복될 경우 뒷쪽에 발표된 것을 원본으로 삼는다. 원본에서 다른 지면에 재수록된 작품은 처음 발표된 작품 뒤에 배열해 그 개작과정을 알아 볼 수 있게 하였다.

4. 주석은 편집자 주로 나누어 표기하였고, 원주는 맨 처음에만 '원주'라고 표기하고 이후 각주로 표기하였다. 발표한 원전 및 간행된 시집과 대조한 결과 작품이 달라진 곳이나 각종 발표 지면은 시인이 스크랩해서 수정하거나 가필한 흔적을 편집자 주로 표기하였다.

5. 정본은 한자의 경우, 한자 병기가 필요한 몇몇의 경우만 제외하고 원본에 있던 한자들 대부분 한글로 표기하였다. 외래어나 맞춤법 표기는 현재 통용되는 어법으로 통일하였다.

正
정 본
本

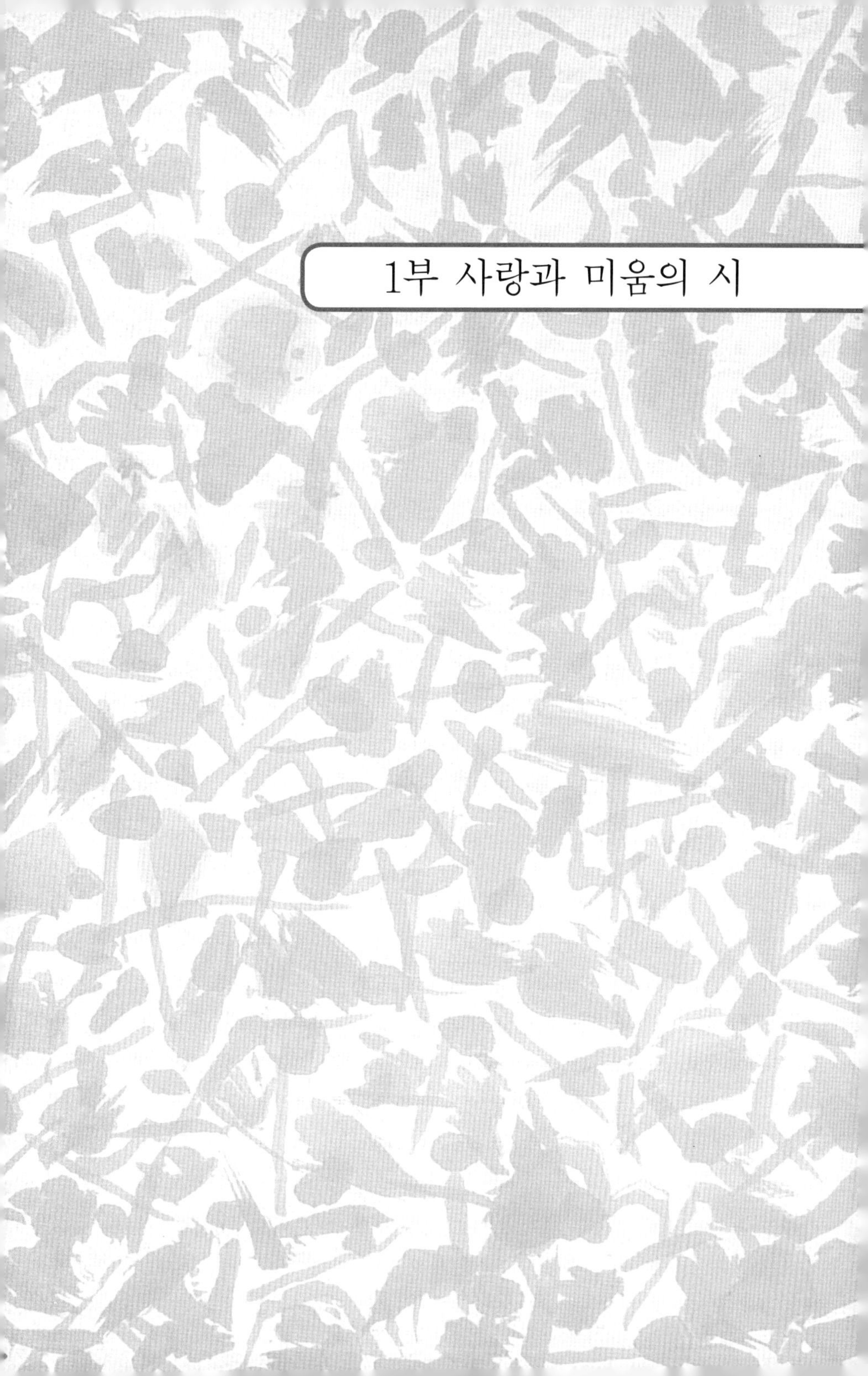

1부 사랑과 미움의 시

형제兄第

살구꽃 구름의 마을을 황소 몰고 나간,
중국 등지 떠돈다던, 아 그 둘째 형 아니냐
—난 죽으러 돌아왔다.
  아버진 용서해 주실까?

공산군共産軍 누비 누덕바지는 외짝다리 없이,
메뚜기 같이,
응혈진 이마 밑에 애증愛憎의
눈구멍만 퀭하니 열려서 섰는
—형님, 형님!

소스라쳐 더듬어보는 칠흑의 어둠 속
괴괴히 빛나 뻗은 얼음의 삼팔선 저기,
헐떡이며 걸려있는 앙상한 등덜미는
분명 내 둘째 형인데

아버진 없다, 어머니와 누이의
우릴 불러 희멀겋던 얼굴들도,
살구꽃 구름의 그 마을과 함께

하루아침 포연砲煙 속에 사라진지 오래인데

아. 저주로운 연대에
피로 갈린 혈육血肉들,
생사조차 알길 없이
환몽夢幻으로 만나보는 고달픔이여

이 밤 또 그대는 어느 산 굴 속에
나는 여기 지뢰원地雷原의 호壕 속에
서로 외로 누운 채 쳐다보는
남북南北 하늘 위에 펼쳐진 별, 별은
너무나 총총하여 땅 위는 춥고나!

꽃새암

무더기로 누우렇게 터져나온 것들이며
또 차차로 불긋불긋 터져나오는 것들이며
그것들이
먼 산골짜기에 엎드린 아침구름 같이
사뭇 호기로이 분식紛飾해놓은 가구街衢 옆에
뇌병원腦病院은
이중 살창窓 안
종내 옛 전우戰友를 몰라보는 채
무서운 헛고대만 중얼거리는
검은 동공의 벗은 진정 가슴 막히었는데
그보다도
소녀같은 부인이 고개 수그리고
흰 볼에 한 줄기 빛난 것을 감출 때
일시에 등덜미를 엄습하여 오는 것
꽃새암 같은 것에
황급히 모자를 눌러쓰고 돌아선
상이傷痍의 나는
하마 어느 것들은 펄펄펄 날리기 시작한
꽃사태의 인가人家 속을 홀로 지나면서

아아 차라리
우리들 생사生死조차 부도忖度할 겨를이 없던
그날의 그 바람치던 전야戰野가
콧날이 뜨겁도록 그리워지는 것이었다

최후最後의 꽃

우리는 원자전쟁原子戰爭의 최후파멸最後破滅의
그날을 생각지 않을 수 없다.

그날 내 떨어진 팔다리를 이끌고
땅을 핥어 기어든 산골짜기 거기
호젓이 피이 있던 꽃
먼 포성砲聲에도
가냘피 이파리를 흔들며
헐떡이는 내 어깨를
지키고 가만히 서 있던 꽃

죽은 애의 버린 애의 멍든 눈이냐
희멀거니 멀거니 열려 있던 꽃!

대가리마다에 아직 핏방울은 부글거리고 있는데
구석구석에 초연硝煙은 되번지고 있는데
오늘 또 여기 저기서 시시덕거리는
두려움 모르는 무리들
터뜨리는 불장난의 폭약爆藥소리 폭약내음새

—불빛 번쩍이면

튀어나 어느 돌틈에 동그라질
곤충의 목숨들이 이곳에 있어
지나가는 바람결에도
야윈 촉각을 쭝긋거린다

그 어느날에 다시 내 헐떡이는 어깨를
지키고 가만히 서 있을
호젓한
호젓한 최후의
그 꽃은 지금 어디서 봉오리지며 있는가?

　죽은 애의 버린 애의 멍든 눈이냐
　희멀거니 멀거니 열려 있던 꽃!

박인환朴寅煥 만가挽歌

그대로 하여 1956년은
또 비탄悲歎의 해가 되었으니!

*

어찌 감기었느냐
그 말馬 같은 두 눈은
총총한 행객行客의 길 아메리카의
거리에 뜬 흰 구름장에도
금시에 뜨거운 이슬이 방울졌다
—그 그늘 아래 인종忍從의 뒷골목에
(가진 것 선의善意 밖엔 없어)
몰려서 우는 피부 검은 동류同類들이 있다고

*

아 이 황량荒凉의 기인 계곡에 서서
마구 울리는 목관악기木管樂器 같이
부드러운 목소리로 그대 노래 부를 때
피맺힌 전쟁戰爭이여
숨막히는 현실이여
모두 다 은은히 흐르는 운율

인정스런 자매의 자장가마냥
우리들의 상처를 쓰다듬어 주었다

*

오 이 살벌의 밤촌락村落에
우러러 바라볼 별의 전통도 없이
믿음도 없이 직업도 없이
어느 항구의 부랑자처럼
젊음의 보람은 그저 헛되이……
파리한 심장心臟 위에 독주毒酒를 부어
어두한 골목 안 추녀 낮은 지붕 밑
고독한 영혼靈魂 닫치고 말았거니

*

한번 눈웃음조차 지음 없이
이제는 참으로 길게 드러누운
한 개의 공허한 시체 앞에
더러는 차라리 외면하고

더러는 서로를 쳐다본 채
덤덤히 앉았는 광주光洲여 봉구鳳九
봉래奉來여 진섭眞燮이 우리 또 어딜 가서
두터운 그의 손을 잡아볼 건가

*

그렇게도 애타게 그대 그리던
고원故園의 폐허廢墟에도 봄은 와서
천지天地는 붉고 푸르게 피어오르건만
아무도 만나기가 무서워진
벗 하나는 고개 묻고 돌아와
할일 없이 대하는 『시선집選詩集』 1권
검은 준열峻烈의 책장 위에
변덕스런 하늘은 또다시 찬비를 쏟는다

*

영영 눈 감고 말았느냐 박인환朴寅煥!
영영 입 다물고 말았느냐 박인환朴寅煥!

보들레르

내 책가冊架의 먼지 속에서 삼년내—
그 형형한 눈을 부리던 당신은
온다 간다 말없이 자취를 감추었다
그 눈초리 살펴가며 내가 써온 서정시抒情詩
배고프다 쓸쓸하다 눈물 섞어 써온 시
그 싯줄 웬일인지 뚜욱 끊어지면서
날로 의아스럽던 당신의 실종은
오오 인제 분명하거니 우리 마누라헌테
겁없이 죄없는 시우詩友 박모군朴某君이
하룻밤 유숙留宿 끝에 밥도 못 얻어먹고
허이여니 쬐겨나가던 바로 그날부터로구나
보들레르 보들레르 틀림도 없는
나의 손때 익은 얼굴의 당신과
여기 이 고서점 점두店頭에서의 이같은 해후!
떨리는 내 얇은 손을 그러나 그 형형한
눈초리는 흘낏 흘겨보자 한다는 소리가
—가긍可矜한 한국시인아 넌 또 누굴 꿰차 갖고 왔느냐
  그 눈물겨운 서정시 쓰기 위해?

램프의 시(5)

—내 갱생更生의 등불인 아내 추임秋姙에게

하루 해가 끝나면
다시 돌아드는 남루한 마음 앞에
조심된 손길이
지켜서 밝혀 놓는 램프
유리는 매끈하여 아랫배 볼룩한 볼륨
시원한 석유에 심지를 담그고
기쁜 듯 타오르는 하얀 불빛!
—쪼이고 있노라면만
서렸던 어둠이
한 켜 한 켜 시름없는 듯 걷히어 간다

아내여 바지런히 밥그릇을 섬기는
그대 눈동자 속에도 등불이 영롱하거니
키 작은 그대는 오늘도
생활의 어려움을 말하지 않았다
얼빠진 내가
길 잃고 먼 거리에 서서 저물 때
저무는 그 하늘에
호호 그대는 입김을 모았는가

입김은 얼어서 뽀얗게 엉기던가
닦고 또 닦아서 티없는 등피!

세월은 덧없이 간다 하지만
우리들의 보람은 덧없다 말라
굶주려 그대는 구걸하지 않았고
배불러 나는
지나가는 동포를 넘보지 않았다
램프의 마음은 맑아서 스스럽다
거리에
동짓달 바람은 바늘같이 쌀쌀하나
우리들의 밤은
조용히 호동그라니 타는 램프!

경고자警告者

이 아침에
찾을 이 없는 먼지 낀 창 앞에
기척도 없이 와서 부르는 소리
괴팍스런 손(客)이여
푸른 산 저기 두고
뭇 벗의 향연소리 저기 두어두고
잠시 그늘할 한 그루 포플러도 세우지 못한
깡마른 뜰 앞에
무에라 혼자 와서
열심히 열심히 부르는 소리
—천지에 꽃은 지고
다시 또 한번 피어서 이운다는
무성한 날빛 속
홀로이 돌아앉아
세월 모르고 야위는 얼굴 위에
산바람같이 밀어오는 그 소리
산바람같이 쓸어가는 그 소리
수수須臾 생애의 일신一身 현명懸命의 노래!
오래 잊었던

하늘이 부시어라
열없이 쳐다보면
아슬한 푸르름 속 그림자도 안 보이고 날아 사라지는
올해의 올해만의 손
매아미여
매아미여

램프의 시(3)

*

버림받은 것의 심정은 눈물겹고나
자욱히 탄식을 서리우고
황혼의 창가에 식어있는 램프
만지고 불고 하면 그래도
금시에 서리서리 녹아드는 가슴인데
그으대기 급해라 성냥불 받아 무는
헤벌린 동글한 하늘 향한 입아귀
끝에
어린 환희의 신神이 뛰쳐나와서 춤을 춘다

*

앉은뱅이 알몸인 램프여 너는
푸르뎅하니 어리어 오는 하늘
쨰앵한 해가 되려 춥기만 했다
다못 낮달의 흐릿한 눈짓을 좇아
따사로이 마음은 켜져보려 애썼으나
첫 박쥐 퍼득임 먼 귀에 들려오자

그만 지쳐서 싸늘하게 자지러진 모가지
위에
작은 고독의 신이 꼬부라져서 잠들었다

시

아닌 밤중에 눈뜨고
엎드리어
기도도 아닌
시를 쓴단다
영양실조의 앙상한 이 사나이—
끼적거려도 끼적거려도
도시 마음 놓이지 않는
시
끼적거려도 끼적거려도
네 현실처럼 떠듬거리기만 하는
시
저기 어둠 속에서 우는 벌레는
이 한밤의 그리움이 있다 하지만
앙상한 사나이야 너의 시는
무엇이 궁거워
취하여 울지도 못하느냐
바람도 숨죽은 밤에
핏줄 속을 두둥거리고 지나가는 북소리가 있다
털어도 털어도
모가지 위에 덮쳐오는 검은 재가 있다

종로취가鍾路醉歌

*

그대 밑천은
냉골방에 펼쳐논 누더기 한 채
청홍靑紅도 색 낡았다
무늬 아닌 얼룩은
비꾸러진 청춘의 피어린 이력이라

*

어슬어슬 저무는 뒷골목 처마 밑에
소리 없이 웃는 웃음
바람 마구 흩뿌리는
값싼 그대 분냄새는
취한 코엔 진실로
썩는 과일마냥 향그러웠다

*

어느 예지로운 나라에서의
이마 드높은 귀공자

아니래서
털 빠진 비로드도 홀쭉한 무릎 앞
덩그러니 도사리고 앉아
새삼 겸연쩍어 할 것도 없는
나 또한 이 거리의
밤의 놈팽이
—그러나

*

갑자기
무슨 시들어지는 꽃처럼
웃음 거두면
그대 죽은 사람의 백랍白蠟의 얼굴
일어서서 훌훌 벗어제끼는
(십촉 전기알 아래)
가늘고 기이드란 손가락 가락……
인종忍從의
그 뒷모습의 쓸쓸함이여!

*

그러나 그러나
이곳에 오면 놓이는 마음
그대는 활짝 피어 다시 웃어라
졸음에 겨운 눈을 비비고 뜨면
행복은 먼 하늘에 깜박이는 별
그대는 활짝 피어 다시 웃어라

*

들창 위에 별자리
찬란하게 돌아가는 이 좋은 가을밤에……

관모봉冠帽峰 아랫마을

—어머니

먼 관모봉 산마루에
다시 이 해의 눈이
쌓여서 은으로 빛나옵니까
물 길으시는 당신의
붉으신 손도 보이는 듯 하옵니다

산바람은 세차라 오시시 떠는 지붕마다
머리카락 같은 연기 한 오라기씩
나부껴 올리는 훤한 새벽부터
씩씩거리고 몰려다니는 낯선 청년들
그 흉칙스런 총칼의 대열을
눈으로 나무라고 돌아서시며

어느 구름 아래 비명非命에 쓰러졌을
이 아들을 다시금 우시옵니까
두어 걸음 옮기곤
서너 걸음 옮기곤
멈춰서서 흠치시는 당신의 이마에도

은실로 날리는 것이 보이는 듯 하옵니다

도라짓빛 무궁한 궁륭穹隆의 하늘 밑
빼어나 사시사철 영롱한 연봉連峰을
병풍 치고 우거지던 백양白楊의 마을
스스럼 없는 사람들 한 이웃하여
홀어머니 우리하고 고이 사시던 곳
그곳인들 이 난리亂離의 불길에서 남아났으리까

햇살 물결치며 부서지는
이 아침 뒷골목 호젓한 들창 위
제삿날 촛불마냥 주렁주렁 고드름 켜들고
잊은 듯 개어오른 남도南道 정월의 하늘
어린 날 고향에 누운 듯— 잠시는
아슴프레 멀어지는 피난길의 고달픔

나에게 이제 그리움은 그저
그 하늘에 그 산 산 아래에 그 마을
관모봉 백리 기슭 휘파람바람 자고

눈길 화안히 트이는 그 어느 날에사
그윽한 그 품 속에 가서 안겨 보오리까
—어머니 그 무릎에 목놓아 엎드려 보오리까

램프의 시(1)

날마다 켜지던 창에
오늘도
램프와 네 얼굴은 켜지지 않고
어둑한 황혼黃昏이 제 집인양 들어와 앉았다
피라도 보고 온듯 선득선득한 느낌
램프를
그 따뜻한 것을 켜자
얼어서 찬 등피여 호오 입김이 수심愁心되어 갈앉으면
석윳내 서린 골짜구니
뽀얀 안개 속
홀로 울고 가는
가냘픈 네 뒷모습이 아른거린다
전쟁戰爭이 너를 데리고 갔다 한다
내가 갈 수 없는 그 가물가물한 길은 어디냐
안개와 같이
끝내 뒷모습인 채 사라지는 내 그리운 것아
싸늘하게 타는 램프
싸늘하게 흔들리는 내 그림자만 또 남는다
어느새 다시 오는 밤 검은 창 안에—

깨어진 방房

아아 나, 나는 또 어디로, 어디로 가라느냐?

며칠 만에, 아니 몇 해 만에, 나 더듬어 돌아왔다. 꿈에도 그가 있어, 비둘기 같은 그가 있어, 다정하고 아늑하던 이 조그마한 방…… 앉아 있을 그는 없고, 싸늘하니 앉아 있는 낯선 먼지!

그날, 그와 나, 서로에게의 말못할 애련은, 떨리는 손과 손에 뜨거이 모아, 마지막 총총히 묶던, 그와 나 목숨의 보따리…… 남은 새끼 부스럭, 쥐똥 위에, 싸늘하니 앉아있는 낯선 먼지!

먼지의 면사포, 금 간 웃음을 싸고, 기울어진 벽 위에, 당신만 호젓이 살아남은 마리아…… 아아 마리아, 나의 그 눈 맑은 소녀는, 비둘기처럼 날아갔나요, 폭탄을 타고? 그래요, 비둘기처럼 날아 갔다고, 그렇게, 그렇게만 말해주어요.

어리석은 나, 나는 또 이렇게 살아서 돌아왔습니다, 피와 피와, 불과 불과, 아아 저승의 하늘 아래 죽음의 땅을 주름잡아 단 하나 나의 보람, 나의 눈, 그를 찾아서 미쳐서 부르면서……

봄이 오면, 나도 갈까나, 그 눈동자 살아서 보고 있을, 저기 저 푸른 물, 저 편 하늘로, 고이고이 날개 저어…… 봄이 왔다. 나는, 푸른 물 저편을, 멀거니 바라보면서…… 봄은 갔다. 나는, 푸른 물 이편에, 울지도 못하는 채, 우뚝 서서 있다.

어리석은 나, 나에게는 바다를 날아넘을 날개도 없었습니다.

아아 나, 나는 또 어디로, 어디로 가라느냐?

소년 연모少年 戀慕

꿈은
북해北海 검푸른 물 웅얼거리는 하늘로 날아갔다
물 위에 솟아오르는 노오란 해바라기
굵은 이파리 밑으로
가만가만히 고개를 드는 여인

머언데 이쪽 하늘을 바래어
반쯤 입술을 벌린 목상木像의 그 얼굴
(나를 낳고선 그 바다 짠물에 아픈 탯줄을 흘리었다는
성처녀聖處女 어머니)
머언데 이쪽 하늘을 바래어
반쯤 입술을 벌린 목상의 그 얼굴

꿈은 거기서 더는 연속되지 않는다
어둠 속의 환등幻燈과도 같이
홀연 그 여인 사라지고
해바라기 사라지고

높새바람 속
다시 검푸른 물만 웅얼거리는 바다 위에
흰 외갈매기 한동안 떠돌고 있는 것이었다

여인 미소女人 微笑

밤이면 나도 모르게 가아지는 길이 있습니다
이슬을 머금고 자줏빛 강하게 풍기는 범부채 꽃숲길
—꽃숲길 호젓한 그늘 속
둥그런 젖가슴에 머리채 치렁치렁한 처녀 하나이
의젓이 기다리고 섰다가
아름 따간 꽃다발을 받아 들고선
어머니 같으신 미소를 내 이마에 부어줍니다
그만 나는 아름다운 소년이 되어 훙얼훙얼
키를 넘는 꽃숲길을 헤치며 헤치며 돌아오지요

—누구한테도 말하고 싶지 않은 내 꿈 이야기입니다

조그마한 무덤 앞에

—소옥素玉을 곡하는 시

흰 나무패 눈에 아픈
임자 무덤 앞에 손을 짚으면
잊은 줄만 믿었던
슬픔이 파도처럼 밀리어 오오

임자 하얀 손이 여기에 있소
임자 푸른 눈동자가 여기에 있소
되살아 오는 가지가지 말씀

몰래 홀로 앓다가
몰래 홀로 눈 감은
임자는 지금도
먼 파도소리에 홀로 귀 기울이고 있소이까

수풀 속에 소소로이 흔들리는 들국화
들국화 들국화
시월달 산바람에 마구 휘불리우는
연보라빛 가냘픈 네 모습을
오오 누구라 마음하여 나는 불러 볼건가

임자 앞에 꺾고저
이 산허리 어느 비탈 어느 그늘에나
구름처럼 들국화만 피어 있음에
난 다시금 눈물이 솟아…… 뜨거운 눈물이 솟아……

흙내음새도 새로와 가슴 막히는
임자 조그마한 무덤 앞에 얼굴을 묻고
언제나
언제까지나 순결하리라 맹세하는
나요
유정이요

홍안紅顔의 아침

홍안의 아침
아른아른
노을 도는 지평에
하늘이 내리신
한 톨의 씨앗인가고
이 내 생명
경이로웠다

운주산雲住山 깊은 골은
솔바람 소리 속
호젓이 피어난
한 떨기 풀꽃
하얀 순결이 애틋해
부여안고 볼 부비면
높은 높은 푸르름에
날개 휘어 감돌던
아 그 소리개

그리움은

고이어 넘치는 샘물
치성雉城벌에 지는 해
피빛 그리매 비낄 때면
한 나라 거인의
슬픈 임종臨終 보는 듯
온 뺨은 뜨거이
젖는 대로 섰었다

진눈깨비

—1952년의 기억

가는 곳곳이 길은 막다르고
가슴 속은 하늘처럼 어둡다
미친 개 같이 다랍게 고픈 배
배꼽까지 젖는대로 어는데
염치 없이 양뺨에 흘러 내리는
차고 짠 이것은 무슨 진눈깨비냐
그날 내 멱살을 잡고 저주詛呪하시던
아버지 당신의 불덩이 같던 눈초리
되살아오는 그런 아픔을 안고
오늘 또 바람 쌀쌀한 경상도慶尙道 거리
흙탕길을 자꾸만 미끄러지며
아아 내 나이 서른 하나
이렇게 얼굴과 손이 추해졌으니—

가는 봄

손꼽아 세어보면
아아 내 혼잣사랑도
여러 사연을 지니었고나
—소옥이
—영이
가는 봄 적막한 들에 피하여 와서
민들레 노란 꽃 꽃이파리 훑어선
—연순이
푸른 푸른 하늘에 던지옵네
나생이 하얀 꽃 꽃이파리 훑어선
—정자
마파람 은빛 바람에 날리옵네

正
정
본
本

2부 발표·미발표 시(시 창작순으로)

소곡小曲

먼 고향
구름처럼
떠도는 몸은

사랑하는
사람을
두고 올거나

타국 땅
바람 차라
밤에 앉으면

누구를
생각하여
등불 지키리

*

눈물을
구슬처럼

지나는 이는

산 바다
하늘 밖에
떠나 살거나

그래 또
이 한밤을
아니 잠자고

그대 불러
이 섬에
나는 울어라

가슴에 이는 불

그대들이 무슨 관舘 무슨 관舘을 몰려댕기며, 술과 계집과
너털웃음과 땅 흥정에 세월이 없는 때에도,
무더운 황토 잡초속에 낯을 파묻고,
우리에겐 한모금 담배 피울 기쁨도 없도다.

우리 지닌 것 멍들어 펴지질 않는 두 주먹과
부질없이 늙어갈 황소같은 몸뚱아리 뿐!
우리의 피땀으로하여 가이없이 푸르른 이 들판에
아아, 한줌 흙덩어리조차 우리것은 못 되었어라!

그대들의 기름진 하얀 손들을 부러워함은 아니라,
그대들의 몇 숟갈의 은혜를 바람은 더욱 아니라,
우리의 슬픔! 오직 우리의 것을 우리 갖고자 가슴에 이는
가슴에 이는 불을 제어 못하여 오늘도 괭이 드는 것!

할렐루야

마침내 절통切痛한 억울이
이 허허로운 공소空笑로 통함을 아느냐

보라 여기에 한 미치광이 여인은 가나니
차라리 왕녀처럼 부끄러운데를 넉마로 가리우고
우러르면 해바라기 같은 눈부신 햇님이
몇 개라도 푸른 공중에 웃고 있어
거리에 넘치는 이 숱한 고양이들은
귀여운 내 사내 자식새끼에 몸종들이란다께!
원도 사또도 대갈도 예 같이 없잖아 있어
거들어져 있어—

하늘의 선물처럼
소리 없는 백성 위에 저녁놀이 떴다

초동初冬의 노래

—P·H·S에게

깜정빛 아름다운 계절
깨끗한 손님이여 겨울
손님 기척 들리자 이파리 떨쳐 감추고
갑자기 새침네기 되어 맞는 거리를

보시오 깜정저고리 깜정치마 앞장 세우고
상냥스레
그러나 늠름하게
마차말의 방울소리 짤랑거리며
그대는 겨울이여 찾아 왔습니다 그려

지난 밤 마지막 뿌린 찬비에
파닥거리는 얼룩날개 호랑나비를 흐느껴
울고 깬 소년 나의 푸른 눈물 위
허전히 씻겨 오른
저기 저 하늘
하늘 아래 저 바다
(나에게 아름다움은 이제 하늘과 바다)
햇살 소리치며 부서지는

이 아침 조그만 나의 창 앞에
미사 촛불인냥 주렁주렁 고드름 켜들고
다정한 손님이여 겨울
그대 상글하니 웃고 와 서 있구료

겨울이여 그대 맞아 내일은 나도
깜한 코오드에 깜한 시집
수도修道 동녀童女의 수줍은 걸음으로
조심조심 나서 볼까요
그대의 하얀 선물을 자랑스레 받기 위하여

방문자訪問者

—金洙暎에게

이 아침에
찾을 이 없는 먼지 낀 창 앞에
기척도 없이 와서 부르는 소리
괴팍스런 손(客)이여
푸른 산 저기 두고
뭇 벗의 향연소리 저기 두어두고
잠시 그늘할 한 그루 포플러도 세우지 못한
깡마른 뜰 앞에
무에라 혼자 와서
열심히 열심히 부르는 소리
—천지에 꽃은 지고
다시 또 한번 피어서 이운다는
무성한 날빛 속
홀로 돌아앉아
세월 모르고 야위는 얼굴 위에
산바람같이 밀어오는 그 소리
산바람같이 쓸어가는 그 소리
수수須叟 생애生涯의 일신一身 현명懸命의 노래!
오래 잊었던

하늘이 부시어라
열없이 쳐다보면
아슬한 푸르름 속 그림자도 안보이고 날아사라지는
올해의 올해의 손
매아미여
매아미여

검은 재

한밤에 일어나 엎드리어
기도도 아닌
시를 쓴단다
영양실조의 이 앙상한 사나이야
끼적거려도 끼적거려도
생각과는 전혀 빗달아나는
시
끼적거려도 끼적거려도
도시 떠듬거리기만 하는
시
어둠 속에 우는 벌레는
한 밤의 그리움이 있다 하지만
앙상한 사나이야 너의 시는
무엇이 궁거워
취하여 울지도 못하느냐
바람도 숨죽은 밤에
자꾸 머리카락이 설렌다
털어도 털어도
모가지 위에 묻어오는 검은 재가 있다

비밀한 일과日課

밤이면 나도 모르게 가지는 길이 있습니다
이슬을 머금고 강하게 풍기는 보라빛 범부채꽃
—꽃숲길 속에
둥그런 젖가슴 머리채 치렁치렁한 그리운 처녀 하나이
기다리고 섰다가
아름 따간 내 꽃다발을 받아 들고선
어머니 같으신 미소를 이마에 부어줍니다
그만 나는 아름다운 소년이 되어 훙얼훙얼
꽃숲길을 돌아오지요
누구에게도 말하고 싶지 않은 내 꿈 이야기입니다

검푸른 물

꿈은
북해北海 검푸른 물 웅얼거리는 하늘로 날아갔다
물 위에 솟아오르는 노오란 해바라기
굵은 이파리 밑으로
가만가만히 고개를 드는 여인
머언데 하늘을 바래고
반쯤 입술을 벌린 석상石像의 그 얼굴
〈나를 낳고서는 그 바다 짠물에
아픈 탯줄를 흘리었다는 성처녀聖處女 어머니〉
머언데 하늘을 바래어
반쯤 입술을 벌린 석상의 그 얼굴

꿈은 거기서 더는 연결되지 않는다
어둠 속의 환등幻燈과도 같이
홀연히 그 여인 사라지고
해바라기 사라지고

놉새 바람에
다시 검푸른 물만 웅얼거리는 하늘 위에
흰 갈매기 한동안 떠돌고 있는 것이었다

초여름의 하늘 밑에서

보아라 오늘 젊은 고흐의 캔버스처럼
가슴 속 벅차게 쏟아져 내리는
코발트·블루의 유월의 하늘
우리들 여기
살아남아서 숨쉬는 기쁨이란다
그러나 그 미친 고흐의 캔버스처럼
엊그제는 두 개 세 개 뒹굴던 피빛 태양
어둡고 어둡던 하늘
이 나라 역서曆書에 6월 25일
이 날로 하여 멍든 우리네 가슴들이어
그러나 오늘은 그 미친 고흐의 캔버스처럼
다시는 피빛 태양을 뒹굴게 하지 말아라
그 젊은 고흐의 캔버스처럼
코발트·블루 코발트·블루로만 채색하게 하여라
우리의 하늘
오 우리의 가슴을!

상춘동가傷春童歌

손꼽아 세어보면
아아 내 혼잣사랑도
여러 사연을 지니었고나
—소옥이
—영이
오늘도 뒷산 숲속에 숨어
볼 비비대어 본다 껴안아 본다
에미나이 머리털처럼 싱그러운 풀!
나생이 하얀 꽃은 마구 흩어서
—연순아
푸른 푸른 하늘에 던진단다
민들레 노란 꽃은 질겅질겅 씹어서
—추임아
바람에 금바람에 흩뿌린단다

휴식

하루 끝에 일모日暮가 노역 끝에 휴식이
커다란 은총으로 휴식이 오네

이 가만한 용암溶暗의 자연 풍경에
말없이 섰노라면
덩치 큰 내가 되려 숭없지 않네

한낮에 뿌린 땀이 꿈만 같구나
불볕에 뿌린 땀이 꿈만 같구나

풀벌레들이여, 어둠 속에 눈 뜨고 숨 고르는
작은 친구들이여, 오직 이 순간을
이 순간을 위하여 목놓아 노래하라

오, 이 청초靑草처럼 맛나는 싱싱한 공기!
강물처럼 퍼지는 뜨끈한 피로감!
오, 이 희열만은 내게서 뺏을 수 없네!

없을 보람의 노래

—내 자식에게 주는 애가哀歌

어허 언젠가도 이렇게
어설프디 어설픈
정경情景이 있었더라?
정경이 있겠더라?

흐릿한 등불 아래
다리 죄다 상이傷痍인 소반 위에
이빠진 사발 하며 찌그렁 양재기
달가락 달각 소리도 없이
지아비와
지어미와
새끼 옆에 달고
주고 받는 말수조차 뜨문뜨문
그림자로 앉아서 숟갈질만 하고 있는……

어허 언젠가는 이 내가
그 서글픈 지아비와 지어미의
애물덩이 새끼로서
흐릿한 등불 아래

이렇게 끼어앉아
어설프디 어설픈 밥을 먹었더니라!

흐릿한 등불 아래
지아비와
지어미와
새끼 옆에 달고
주고 받는 말수조차 뜨문뜨문
그림자로 앉아서 숟갈질만 하고 있는……

어허 언젠가는 너 또한
그 서글픈 지아비가 되어서
지어미와 새끼 달고
흐릿한 등불 아래
이렇게 끼어앉아
어설프디 어설픈 밥을 먹으렸다? 밥을 먹으렸다?

성야聖夜

은지銀紙별들 휘황한 상가 앞을
야맹증夜盲症의 눈들을 희번득거리며
우줄우줄 몰려가는
코끼리같은 말없는 군상群像들

길 잃은 양아 내 우리네 백성들아
세모라 더 황황해 할 것 없을텐데
잠시 놀면서 가게
이 밤은 성탄제聖誕祭라네

제 간 같은 걸 널어놓고 아우성치는
간데라불 노점露店의 시커먼 얼굴들은
북쪽 오지 못할 고향에 버리고 온
내 애비에미만 같은데—

가위눌린 어둠이 어떻게 또 새면
하늘 없는 찌그러진 내 창 앞에도
고상한 소녀들은 와서
복받으라 성스러운 노래를 불러줄 테지?

펄럭이는 은지銀紙별들 위에
못 박히어 피 흘린 이의
창백한 얼굴이 자꾸만 떠오르는
이 밤은 성탄제— 거룩한 성탄제라네

이방인異邦人

—외우 강한자姜汗慈에게

이 지역 지나는
너는 한낱 이방인
부질없는 정경에 상감傷感치 말라
암울한 기류氣流 속
보라
어제 혈육이 선혈을 뿌린 곳에
득의한 자는 높이 영주永住의 벽돌을 쌓아올리고
견광狷狂의 도徒는
황토의 먼지바람에 야윈 늑골을 불리우며
길이 깨어나지 않는다
구름에 끼룩 후조候鳥 울 때
꾸룩 횟배 울리며
어느 하늘이고 되돌아보려 함은 고아의 동정
아직 회오悔悟할 줄 아는 청년은
얼굴 묻고 창녀娼女의 유방 위에
눈 오는 고향산 꿈이나 꾸라
—그렇게 일러주고
이곳 지나면
다신 돌아들지 말라

너

영원한 무연無緣의 이방인

오오 사월에

—가곡을 위한 시작試作

오오 사월에
불이 붙은 진달래
노한 불길은
산과 들을 덮었다
슬기로워라 이 땅의 아들딸들
꽃봉오리의 그 목숨 방패 삼아
독재의 무리 끝내 물리쳤으니

울어라
또 웃어라
제이공화국은
창공에 눈도 부신 민권民權의 태양

오오 사월에
진달래는 졌으나
꽃다운 넋은
붉게 살아 비춘다
꿋꿋하여라 이땅의 아들딸들
메아리하는 그 외침 외어받아

민족정기民族正氣의 힘찬 노래 울려라

싸우자
또 지키자
제이공화국은
온 세계 우러르는 자유의 국토

콩나물

한겨울을
한 포대기 속에서
옹송그리고
옹송그리고 자랐대서
한겨울을 콩나물만 새김질하고 자랐대서

이른 봄날 햇빛 속
머릴 맞대고 졸고 앉았는 꼴이
그 노르무레한 얼굴들 하며
그 녀릿녀릿한 팔다리들 하며
늬들
갈 데 없는 콩나물
콩나물 시루 속엣 콩나물

웃어나 보렴
아스스한 햇빛 속
콩짜개 같은 그 머리들랑 비비대여
배시시
콩나물처럼
콩나물처럼

비명悲鳴

도둑의 무리도 지쳐서 잠들었을 이 밤에
목줄띠 빠지도록 짖어대는 개야
누워서 뜬눈으로 듣고 있노라면
나도 미친 네가 되어 울부짖고만 싶구나
그토록 그악스레 네가 되어 짖어대는건
반드시 도둑을 지키려는 충성심만은 아닐게라
이를테면 그것은 폐병환자의 기침
아니 차라리
겁에 질린 피해망상광의 비명소리
〈세계의 어디선가 나를 지켜보고 있는 눈이 있다〉고 한
위대한 시인 라이나 마리아 릴케의 시는
시를 알지 못하는 너나같이 나도 알 수가 없다
그렇다 가장 반겨야 할 친구의 웃음조차
모함의 수작으로 밖엔 여겨지지 않는
이 착란의 밤의
나는 확실히 겁에 질린 짐승
울부짖고만 싶은 너다

낙방한 소년의 독백

마지막 갖다붙인 엿가락도 보람없자
어머닌 그만 몸져 누워 끙끙 앓으신다
성장盛裝하고 기고만장이시던 기성회期成會의 여장부,
오늘은 물에 빠진 심청沈淸이 같이 처량하시다
아버진 숫제 말이 없고—
이 비극의 장본인張本人이란 내가 도시
미안한줄 모르겠으니 그것이 미안하다
글쎄 나도 자식된 도리를 할 데까진했어,
밤마다 아×뽕을 먹고 아침마다 코피를 쏟았다
아하 오랜만에 가져보는 이 나의 자유!
하늘 보고 푸념하는 이런 내가 멀쩡한
고아가 아닐는지? 의지가지없는 이 심정.
지나가는 밤바람에 아차차 두 줄기
누가 안다냐? 외로운 외로운 눈물의 맛을
난 자꾸 어두운 한강엘 나가고싶다

김수영金洙暎의 시신 옆에서 부른 애가哀歌

1968년 6월 16일 밤 열한 시, 흉악한 서울 시내버스는
우리의 고귀한 시인 김수영의 생명을 불의에 영원히 앗아갔다

해말간 하늘이 있소. 흰구름이 떠 있소. 내려쬐이는 유월의 햇살이 있소. 저만치 푸르른 강물이 있소. 당신이 아침저녁 거닐던 들길이 있소. 조그마한 다리가 있소. 모두 다 그대로 있소.

행길 옆 배추밭 언덕길을 넘어서면, 마포구 구수동 41의 2번지, 십여 년을 하루같이 당신이 쌓아올린 조그마한 벽돌집이 여기에 있소. 정성스런 그 손길이 어제까지 다듬었을, 조촐한 뜨락이 여기에 있소. 작은 바람결에도 흔들려 마지 않는 뱀풀, 딸기풀, 패랭이꽃, 초롱꽃…… 당신이 손수 짰다는 통나무 물방아 시렁 위를, 열심히 기어넘는 등넝쿨도 넝쿨장미도 바로 저기 있는데, 모두 다 그대로 있는데

간밤에 무슨 변이 있었나?
늙으신 어머님도, 계씨들도 매씨들도, 부인도 어린 두 아드님도, 이 아침 한자리에 저렇게 모였는데, 모여서 넋을 잃고 차라리 울지도 못하는데

금호동 막바지로부터 밤길을 더듬어서, 허둥지둥 김이 달려왔

소. 유가 달려왔소. 의사 장형이 달려왔소. 윤형이 달려왔소.

최여사가 달려왔소. 모여사가 달려왔소. 이선생이 달려왔소. 백선생이 달려왔소. 안선생이 달려왔소. 황선생이 달려왔소. 양선생이 달려왔소. 박선생이 달려왔소. 김선생이 달려왔소. 손여사가 달려왔소.

눈을 비비면서 비실비실 조형이 달려왔소. 김형이 달려왔소. 이형이 달려왔소. 또 김형이 달려왔소. 함형이 달려왔소. 박형이 달려왔소. 황형이 달려왔소. 또 김형이 달려왔소. 달려왔소 달려왔소. 모두다 당신댁에 달려왔는데

간간이 헛기침을 하면서, 앉았다 누웠다 당신이 골똘히 생각에 잠기던, 골똘히 펜끝을 가다듬던, 이 호젓한 구석방에, 이 아침엔 커어튼도 무거이 드리운 채, 어제대로 책상도 제자리에 놓였는데, 책상 위에 쓰다 만 원고지도 놓였는데, 책상 앞에 반듯이 방석도 놓였는데

간간이 들려오던 그 기침소리가 이젠 없구려. 빼지고 마른, 그러나 따스하기 그지없던 그 널따란 손이 없구려. 놀라기를 잘하던 곧이듣기를 잘하던, 그 커다란 눈이 없구려. 아아 당신이 좋아하

던, 그리고 못견디게 당신을 좋아하던, 이 모든 것들을 남겨둔 채, 홀홀히 혼자서 당신은 어디로 갔소?

수영!

수영!

살아남기

—먼 바다 건너간 유민柳敏에게

살아남기 위해서 가는 유학길
막지 말라고 놓아 달라고 안달하던 너
너무 높이 날아서 태평양 상공에서
오줌 찔끔 쌌다고 킬킬거린다
그쪽 공항 마중나온 그도 그랬다지
너의 지도교수 그도 그랬다지
살아남기 위해서 인류는 이겨내야 한다
우리가 그걸 해내야 한다고
영국계 호주 국적인 A. W. 스티글 박사
유전공학의 노벨상 감이라는 그
항상 텁석나룻 반바지 바람에 샌들
시간이 없어 시간이 없어 투덜댄다는 그
백인애들이 흑인애들이 뛰고 있어
일인들이 중국인들이 뛰고 있어
김치맛? 집 생각? 건 센티멘트라는 거잖어?
제때 잠이나 자야 꿈도 꾸지!
대견하다 아들아— 이 늙은 것도
최루탄 매운 가스 눈물 섬벅거리며
어제는 제물포요 오늘은 왕십리

시간강사 시간 놓칠라 뛰고 있어 뛰고 있어
대견하다 아들아— 하다만
우린 과연 살아남을 수 있을까?
그래 살아남아서 우리
무엇을 한담? 과연 무엇을?
오늘도 푸르디 푸른 하늘
저 하늘에 번갯불 번쩍이고
금강산 천방지축 쌓아올리는 댐
언제 무너져 내릴지 모른다는데
모른다는데—

내 유산遺産

유언遺言이라는 걸 하려는 판국이었는데
글쎄 그놈의 꿈이 깨고 말았단 말이다
하마 스미어드는 시취屍臭의 침대머리
어느새 닥쳐온
제법 처자라는 것도 있어서
불러 세워놓고
유언이라는 걸 하려는 판국이었는데
아, 내가 남기려한
마지막 소중한 것이 무엇이었나?
오래도록 가슴앓이하듯
딴은 다지고 다져왔을 그 오롯한 것은?

야반夜半에
홀로 올빼미 눈을 하고 들여다보는
내 현세의 한심스런 유산이여
곯아떨어진
보릿자루 같은
애물덩이들이여!

이십오년 만의 시

이십오년 만에 내가 시를 썼다고
이십오년 만에 썼다는 데도
통 대꾸가 없다

이십오년 만에 지각한 내 시여
내가 썼다는 데도, 내가 썼다는 데도
다들 귀머거리다 벙어리다

이십오년이나 지각한 내 시여
나에게 탓이 있느냐, 시에 탓이 있느냐
시는 대꾸가 없다

텡 빈 방 구석에서
길다란 더듬이만 쫑긋거리는
이십년 전에 죽은 김수영 같이 생긴
겨울 귀뚜리여
너도 대답이 없느냐

국회 옆에서

한바탕 정치쇼를 펼치기 위해
초봄부터 세촉새는
그렇게 우짖었나 보다

한바탕의 정치쇼를 겨루기 위해
먹그을음 속에서 황새는
또 어떻게 울부짖나 보다

떼강도와 불작란에 가슴 조이며
머언 먼 절름의 뒤안길에서
인제는 돌아나와 국회 옆에 선
내 할머님 같이 멍든 꽃들이여

놀란 너네 코 입을 어찌 막으려고
간밤엔 아황산이 저리 날리고
내게는 선잠도 오지 않았나 보다

삼십년 만에 다시 쓰는 시

스스로 내던졌던 시, 그 시를
삼십년 만에 다시 쓴다고
실로 삼십 몇 해 만에 다시 쓴다고
내 딴에도 잘 설쳐댔나보다
쭈그렁박 다 되가는 할망구 한다는 소리가
맙소사, 그 언제적 알량한 서정시
그런 걸 다시 쓴다니 그럼 또
한바탕 눈물 짜고 울고불고 하겠네요
주여. 이 믿음 없는 영감때기 행여
다시 미망에 오염되지 말게 하시옵고
여생에나마 구차한 꼴 보지 말게 하시옵소서

할렐루야. 할망구야!

숨어서 우는 새

삼십년 만에
삼십년 만에 다시 시를 쓴다고
설쳐대는 꼴이 민망도 했던지
이번엔 그래픽 디자이너 한다는 딸년이
박물관 공룡 보듯 흘끔거리면서
고 빨간 입술로 이렇게 종알거리는 거다
꿈 깨세요 이 풍진 세상에
애써서 시 써서 뭘 하세요
목의 힘 빼세요 제 목소리 내세요
어릴 적 함께 들려주시던
관악산 저 새소리
연초록 백리 숲속 숨어서 혼자 울던
빼어꾹
뻐꾹
뻑뻐꾸우웅
귀 씻고 듣자구요
아, 저 목멘 소리

활극

한밤중에 목 말라
주방 나가 전등 켜자
식탁 주위에 소름 끼치는 벌레들의 우글거림!
주인 몰래 벌려놓은 이 난장판
맛좀 보아라
('사막의 스톰'이랬던가)
동에 번쩍 서에 번쩍
치고 밟고 밟고 치는 활극 끝에
삽시에 널브러진
패잔병의 잔해 잔해……

휘황한 불빛 아래
오랫만에
강자強子의 아가리 벌리고
한바탕 껄껄거린 것이었다

세상에 가엾은 존재

—앙리 미쇼의 패러디

세상에 가엾은 존재는
가난에 우는 여자입니다

가난에 우는 여자보다도 불행한 존재는
외롬에 지친 여자입니다

외롬에 지친 여자보다 민망한 존재는
버림을 받은 여자입니다

버림을 받은 여자보다 곤란한 존재는
지지리 못난 여자입니다

지지리 못난 여자보다 꼴볼견인 존재는
잘난 체 하는 여자입니다

잘난 체 하는 여자보다 따분한 존재는
센스가 무딘 여자입니다

아아 유두분면의 회벽 위에

깜박거리다 마는 형광등……

—그런 여자들을 데리고 살아야 하는
더없이 가엾은 존재는 세상 남성들인가 합니다

새와 시인

나무가지 위에서 새가 운다
아 재미있다고
　　사는 재미가 재미재미……
　　우는 재미가 재미재미……

가련한
한국시인아 너는
　　　무슨 재미로 살지?
　　　무슨 슬픔으로 울지?

　　네 시를 읽으면 민민민…… 민주 민주
　　　　　　　　　　입맛이 뚝 떨어진다
　　네 시를 들으면 민민민…… 민중 민중
　　　　　　　　　　골치가 지끈 아파온다

청명한 하늘에서 새소리는 들리는데
목청으로 낭랑하게 새소리는 들리는데
　　　　　언제까지 지지리 배리배리
　　　　　밥알이 밥알이냐 밥통 밥통!

개구리 소리 듣는 밤

멍석을 깔고
밖에서 자도 좋은 시절이 되었습니다.

할아버지 아버지 순례 막둥이 모두
머리를 나란히 하고 먼 개구리 소리를 듣습니다.

개굴 개굴 개굴
개개개 개개!
개—굴 개—굴

지난 해엔 형님도 같이 누워 듣던
개구리……

손을 들면
별하늘이 닿을 듯한 따뜻한 밤입니다.

아가 가는 길

아가 가는 길엔
노랑나비 훨 훨
빨강 잠자리 사악 삭

　　아가 가는 길엔
　　빨강 꽃이 방실 방실
　　하얀 구름이 너훌 너훌

아가 가는 길엔
강아지가 아장 아장
송아지가 움머어

　　아가는 갑자기 멈춰 선다
　　돌아봐도 엄마는 없다
　　응아 아가는 울음보를 터뜨린다

유민에게

희고 순수한
그대 이마!
빼어나 빛나는
그대 두뇌!
태평양 높이 날고 날아
누리에 새생명을
불러 일구라!
(이 지구는 아직도 어둡고 추우니……)

망향亡鄕

날 더러
고향을 노래하라 하십니까

나에게 무슨 고향이 있겠습니까

고향이란 내 마음이
돌아갈 곳 아니겠습니까

그런데
당신에겐 고향이 있습니까

(현대인에겐 고향이 없다)

原
원
본
本

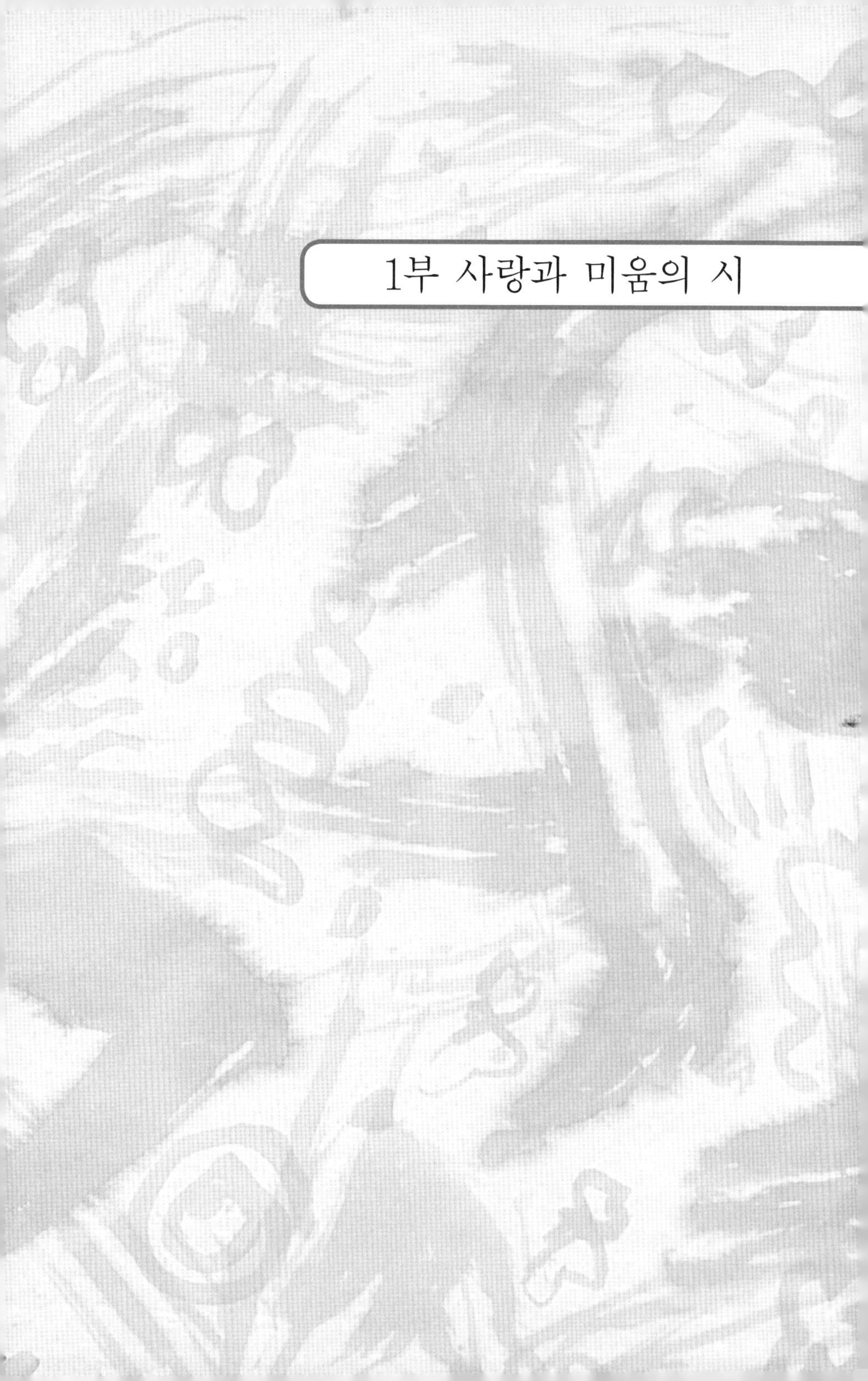

1부 사랑과 미움의 시

홍자출판사
1957년 11월 30일
4×6판/88면/양장본

自序

詩에 있어서의 나의 관심은『현실감각의 긴밀한 抒情』그것이었읍니다. ―즉 이 각박한 현실생활에서 촉발되는 착잡한 감동을 어떻게 하면 보다 절실하게 표현할수 있느냐 하는 것이었읍니다. 현실에 압도된 나머지 대부분 울음이 되고 말아서 책으로 꾸미고 보니 부끄러움이 앞설 뿐입니다.

동란후의 것 중에서 열댓 골라 製作 逆順으로 싣고 소년시절의 것을 기억에 남은대로 댓덧붙였읍니다. 명색이 처녀시집이라 初期의 것을 아주 저버릴수 없었기 때문입니다. 雜多한 인쇄물 틈에 섞이어 너무 푸대접이나 받지 않으면 다행이라 하겠읍니다.

兄第

『사랑과 미움의 詩』(1957. 11)

살구꽃 구름의 마을을 황소 몰고 나간,
中國 等地 떠돈다던, 아 그 두째兄 아니냐
—난 죽으러 돌아왔다. 아버진
용서해 주실까?』

共産軍 누비 누덕바지는 외짝다리 없이,
메뚜기 같이,
凝血진 이마 밑에 愛僧의
눈구멍만 퀭하니 열려서 섰는
—兄님, 兄님!』

소스라쳐 더듬어보는 漆黑의 어둠 속
괴괴히 빛나 뻗은 얼음의 三八線 저기,
헐떡이며 걸려있는 앙상한 등덜미는
분명 내 두째兄인데

아버진 없다, 어머니와 누이의
우릴 불러 희멀겋던 얼굴들도,
살구꽃 구름의 그 마을과 함께

하루아침 砲煙 속에 사라진지 오래인데

아. 咀呪로운 年代에
피로 갈린 血肉들,
生死조차 알길 없이
夢幻으로 만나보는 고달픔이여

이밤 또 그대는 어느 山 窟속에.
나는 여기 地雷原의 壕속에
서로 외로 누운채 쳐다보는
南北 하늘 위에 펼쳐진 별, 별은
너무나 총총하여 땅위는 춥고나!

꽃새암

《自由文學》(1956. 8월호)

무데기로 누우렇게 터져나온 것들이며
또 차차로 불긋불긋 터져나오는 것들이며
그것들이
먼 山골짜기에 잎드린 彩色 구름 같이
사뭇 호기로이 紛飾해놓은 街衢 옆에
腦病院은
二重 살窓 안
종내 옛戰友를 몰라보는채
무서운 헛고대만 중얼거리는
검은 瞳孔의 벗은 실로 가슴 막히었는데
그보다도
少女같은 夫人이 고개 숙이며
흰 볼에 한줄기 빛난 것을 감출 때
일시에 등덜미를 엄습하여 오는 것
꽃새암 같은 것에
황급히 帽子를 눌러쓰고 돌아선
나는
하마 어느 것들은 펄펄펄 날리기 시작한
꽃사태의 人家 속을 홀로이 지나면서

아아 차라리
우리들 生死조차 忖度할 겨를이 없던
그날의 그 바람치던 戰野가
콧날이 뜨겁도록 그리워지는 것이었다

꽃새암

『사랑과 미움의 詩』(1957. 11)

무데기로 누우렇게 터져나온 것들이며
또 차차로 불긋불긋 터져나오는 것들이며
그것들이
번 山골짜기에 엎드린 아침구름 같이
사뭇 호기로이 紛飾해놓은 街衢 옆에
腦病院은
二重 살窓 안
종내 옛戰友를 몰라보는채
무서운 헛고대만 중얼거리는
검은 瞳孔의 벗은 실로 가슴 막히었는데
그보다도
少女같은 夫人이 고개 숙으리며
흰 볼에 한줄기 빛난 것을 감출 때
일시에 등덜미를 엄습하여 오는 것
꽃새암 같은 것에
황급히 帽子를 눌러쓰고 돌아선
傷痍의 나는
하마 어느것들은 펄펄펄 날리기 시작한
꽃사태의 人家 속을 홀로이 지나면서

아아 차라리
우리들 生死조차 忖度할 겨를이 없던
그날의 그 바람치던 戰野가
긋날이 뜨겁도록 그리워지는 것이었다

* 『한국전후문제시집』에는 「꽃새암」 10행 〈검은 瞳孔의 벗은 실로 가슴 막히었는데〉가 〈검은 瞳孔의 벗은 진정 가슴 막히었는데〉로, 12행 〈고개 숙으리고〉는 〈고개 수그리고〉로 수정하였다(편집자 주).

最後의 꽃

> 우리는 原子戰爭의 最後 破滅의
> 그날을 생각지 않을 수 없다

『사랑과 미움의 詩』(1957. 11)

그날 내 떨어진 몸뚱아리를 이끌고
땅을 핥어 기어 든 山골짜기 거기
호젓이 피어 있던 꽃
먼 砲聲에도
가녈피 이파리를 흔들며
헐떡이는 내 어깨를
지키고 가만히 서 있던 꽃

머리마다 아직 핏방울은 솟고 있는데
구석구석에 硝煙은 되번지고 있는데
오늘 또 여기 저기서 희희거리는
두려움 모르는 무리들
터뜨리는 불장난의 爆藥소리 爆藥내음새

불빛 번쩍이면
튀어나 어느 돌틈에 동그라질
昆蟲의 목숨이 이곳에 있어
지나가는 바람결에도
야윈 觸角을 쫑긋거린다

그날에 다시 내 헐떡이는 어깨를
지키고 가만히 서 있을
호젓한
호젓한 最後의
그 꽃은 지금 어디서 봉오리지며 있는가?

最後의 꽃

우리는 原子戰爭의 最後 破滅의
그날을 생각지 않을 수 없다

『한국전후문제시집』(1964. 10)

그날 내 떨어진 팔다리를 이끌고
땅을 핥어 기어든 山골짜기 거기
호젓이 피어 있던 꽃
먼 砲聲에도
가녈피 이파리를 흔들며
헐떡이는 내 어깨를
지키고 가만히 서 있던 꽃

죽은 애의 버린 애의 멍든 눈이냐
희멀거니 멀거니 열려 있던 꽃!

대가리마다에 아직 핏방울은 부글거리고 있는데
구석구석에 硝煙은 되번지고 있는데
오늘 또 여기 저기서 시시덕거리는
두려움 모르는 무리들
터뜨리는 불장난의 爆藥소리 爆藥내음새

—불빛 번쩍이면
튀어나 어느 돌틈에 동그라질

昆蟲의 목숨들이 이곳에 있어
지나가는 바람결에도
야윈 觸角을 쫑긋거린다

그 어느날에 다시 내 헐떡이는 어깨를
지키고 가만히 서 있을
호젓한
호젓한 最後의
그 꽃은 지금 어디서 봉오리지며 있는가?

　죽은 애의 버린 애의 멍든 눈이냐
　희멀거니 멀거니 열려 있던 꽃!

朴寅煥 挽歌

그대로 하여 一九五六年은 또 悲歎의 해가 되었으니!

《現代詩》 1집(1957. 9)

*

어찌 감기었느냐
그 말(馬) 같은 두 눈은
총총한 行客의 길 아메리카의
거리에 뜬 흰 구름짱에도
금시에 뜨거운 이슬이 방울졌다
—그 그늘 아래 忍從의 뒷골목에
가진 것 善意 밖엔 없어
몰려서 우는 皮膚 검은 同類들이 있다고

*

아 이 荒凉의 긴 溪谷에 서서
마구 울리는 木管樂器 같이
부드러운 목소리로 그대 노래 부를 때
피맺힌 戰爭이여
숨막히는 現實이여
모두 다 은은히 흐르는 韻律
인정스런 姉妹의 자장가마냥

우리들의 傷處를 쓰다듬어 주었다

*

오 이 殺伐의 밤村落에
우럴어 바라볼 별의 傳統도 없이
믿음도 없이 職業도 없이
浮浪者처럼
젊음의 보람은 그저 헛되이……
파리한 心臟 위에 값싼 毒酒를 퍼부어
어둑한 골목안 추녀밑에 그대는
孤獨한 靈魂 스스로 닫고 말았으니

*

한번 눈웃음조차 지음 없이
이제는 참으로 길게 드러누운
한개의 空白한 屍體 앞에
더러는 차라리 외면하고
더러는 서로를 쳐다본채

덤덤히 앉았는 光洲여 鳳九
奉來여 眞變이 우리 또 어딜 가서
두터운 그의 손을 잡아볼건가

*

그렇게도 애타게 그대 그리던
故園의 廢墟에도 봄은 와서
天地는 붉고 푸르게 피어오르건만
아무도 만나기가 무서워진
벗 하나는 고개 묻고 돌아와
할일 없이 대하는 『選詩集』 一卷
검은 峻烈의 책장 위에
변덕스런 하늘은 또다시 찬비를 쏟는다

*

영영 눈 감고 말았느냐 朴寅煥!
영영 입 다물고 말았느냐 朴寅煥!

朴寅煥 挽歌

그대로 하여 一九五六年은 또 悲歎의 해가 되었으니!

『사랑과 미움의 詩』(1957. 11)

*

어찌 감기었느냐
그 말(馬) 같은 두 눈은
총총한 行客의 길 아메리카의
거리에 뜬 흰 구름짱에도
금시에 뜨거운 이슬이 방울졌다
—그 그늘 아래 忍從의 뒷골목에
(가진 것 善意 밖엔 없어)
몰려서 우는 皮膚 검은 同類들이 있다고

*

아 이 荒凉의 긴 溪谷에 서서
마구 울리는 木管樂器 같이
부드러운 목소리로 그대 노래 부를 때
피맺힌 戰爭이여
숨막히는 現實이여
모두 다 은은히 흐르는 韻律
인정스런 姉妹의 자장가마냥
우리들의 傷處를 쓰다듬어 주었다

*

오 이 殺伐의 밤村落에
우럴어 바라볼 별의 傳統도 없이
믿음도 없이 職業도 없이
어느 港口의 浮浪者나 처럼
젊음의 보람은 그저 헛되이……
파리한 心臟 위에 값싼 毒酒를 퍼부어
어둑한 골목안 추녀 낮은 지붕 밑
孤獨한 靈魂 스스로 닫치고 말았거니

*

한번 눈웃음조차 지음 없이
이제는 참으로 길게 들어누운
空白한 한개의 屍體 옆에
더러는 차라리 외면하고
더러는 서로를 쳐다본채
덤덤히 앉았는 光洲여 鳳九
奉來여 眞燮이 우리 또 어딜 가서
두터운 그의 손을 잡아볼 건가

*

그렇게도 애타게 그대 그리던
廢墟의 故園에도 봄은 와서
天地는 붉고 푸르게 피어오르건만
아무도 만나기가 무서워진
벗 하나는 고개 묻고 돌아와
할일 없이 대하는 『選詩集』 一卷
검은 峻烈의 책장 위에
변덕스런 하늘은 또다시 찬비를 쏟는다

*

영영 눈 감고 말았느냐 朴寅煥!
영영 입 다물고 말았느냐 朴寅煥!

보오드레에르

『사랑과 미움의 詩』(1957. 11)

내 冊架의 먼지 속에서 三年來—
그 炯炯한 눈을 부라리던 당신은
온다 간다 말없이 자취를 감추었다
그 눈초리 살펴가며 내가 써온 抒情詩
배고프다 쓸쓸하다 눈물 섞어 써온 詩
그 詩ㅅ줄 웬일인지 뚝 끊어지면서
날로 疑訝스럽던 당신의 失踪은
오오 인제 분명하거니 우리 마누라헌테
키가 커 無辜한 詩友 朴某君이
하룻밤 留宿끝에 밥도 못얻어먹고
허이여니 쬐겨나가던 바로 그날부터로구나
보오드레에르 보오드레에르 틀림도 없는
나의 손때 익은 얼굴의 당신과
여기 이 古書店 店頭에서의 이같은 邂逅!
떨리는 내 얇은 손을 그러나 그 炯炯한
눈초리는 흘낏 흘겨보자 한다는 말이
—可矜한 韓國詩人아 넌 또 누굴 꾀차 갖고
왔느냐 그 눈물겨운 抒情詩ㄹ 쓰기 위해?』

보오드레에르

『한국전후문제시집』(1964. 10)

내 册架의 먼지 속에서 三年來—
그 炯炯한 눈을 부라리던 당신은
온다 간다 말없이 자취를 감추었다
그 눈초리 살펴가며 내가 써온 抒情詩
배고프다 쓸쓸하다 눈물 섞어 써온 詩
그 詩ㅅ줄 웬일인지 뚜욱 끊어지면서
날로 疑訝스럽던 당신의 失踪은
오오 인제 분명하거니 우리 마누라헌테
집없이 罪없는 詩友 朴某君이
하룻밤 留宿끝에 밥도 못 얻어먹고
허이여니 쫘겨나가던 바로 그날부터로구나
보오드레에르 보오드레에르 틀림도 없는
나의 손때 익은 얼굴의 당신과
여기 이 古書店 店頭에서의 이같은 邂逅!
떨리는 내 얇은 손을 그러나 그 炯炯한
눈초리는 흘낏 흘겨보자 한다는 소리가
—可矜한 韓國詩人아 넌 또 누굴 꾀차 갖고
왔느냐 그 눈물겨운 抒情詩ㄹ 쓰기 위해?』

램프의 詩(五)

—내 更生의 등불인 아내 秋姙에게

『사랑과 미움의 詩』(1957. 11)

하루해가 끝나면
다시 돌아드는 남루한 마음 앞에
조심된 손길이
지켜서 밝혀놓는 램프
유리는 매끈하여 아랫배 볼룩한 블류움
시원한 석유에 심지를 담그고
기쁜듯 타오르는 하얀 불빛!
—쪼이고 있노라면
서렸던 어둠이
한켜 한켜 시름없는듯 걷히어간다

아내여 바지런히 밥그릇을 섬기는
그대 눈동자 속에도 등불이 영롱하거니
키작은 그대는 오늘도
생활의 어려움을 말하지 않았다
얼빠진 내가
길 잃고 먼 거리에 서서 저물 때
저무는 그 하늘에
호 호 그대는 입김을 모았는가

입김은 얼어서 뽀얗게 엉기던가
닦고 또 닦아서 티없는 등피!

세월은 덧없이 간다 하지만
우리들의 보람은 덧없다 말라
굶주려 그대는 구걸하지 않았고
배불러 나는
지나가는 동포를 넘보지 않았다
거리에
동짓달 바람은 바늘같이 쌀쌀하나
우리들의 밤은
조용히 호동그라니 타는 램프!

램프의 詩(五)

—아내 秋姙에게

『한국전후문제시집』(1964. 10)

하루해가 끝나면
다시 돌아드는 남루한 마음 앞에
조심된 손길이
지켜서 밝혀 놓는 램프
유리는 매끈하여 아랫배 볼룩한 볼류움
시원한 석유에 심지를 담그고
기쁜 듯 타오르는 하얀 불빛!
—쪼이고 있노라면
서렸던 어둠이
한켜 한켜 시름없는듯 걷히어 간다

아내여 바지런히 밥그릇을 섬기는
그대 눈동자 속에도 등불이 영롱하거니
키작은 그대는 오늘도
생활의 어려움을 말하지 않았다
얼빠진 내가
길 잃고 먼 거리에 서서 저물 때
저무는 그 하늘에
호 호 그대는 입김을 모았는가

입김은 얼어서 뽀얗게 엉기던가
닦고 또 닦아서 티없는 등피!

세월은 덧없이 간다 하지만
우리들의 보람은 덧없다 말라
굶주려 그대는 구걸하지 않았고
배불러 나는
지나가는 동포를 넘보지 않았다
램프의 마음은 맑아서 스스롭다
거리에
동짓달 바람은 바늘같이 쌀쌀하나
우리들의 밤은
조용히 호동그라니 타는 램프!

警告者

『사랑과 미움의 詩』(1957. 11)

이 아침에
찾는 이 없는 먼지 낀 창앞에
기척도 없이 와서 부르는 소리
괴팍스런 손(客)이여
푸른 산 저기 두고
뭇 벗의 향연소리 저기 두어두고
잠시 그늘할 한그루 포푸라도 세우지 못한
꽝마른 뜰앞에
무에라 혼자 와서
열심히 열심히 부르는 소리
—천지에 꽃은 지고
다시 또한번 피어서 이운다는
무성한 날빛 속
홀로이 돌아앉아
세월 모르고 야위는 얼굴 위에
산바람 같이 밀어오는 그 소리
산바람 같이 쓸어가는 그 소리
須臾 生涯의 一身 懸命의 노래!
오래 잊었던

하늘이 부시어라
열없이 쳐다보면
아슬한 푸르름속 그림자도 안보이고 날아 사라진
올해의 올해만의 손
매아미여
매아미여

램프의 詩(三)

『사랑과 미움의 詩』(1957. 11)

*

버림받은 것의 심정은 눈물겹고나
자옥히 탄식을 서리우고
황혼의 窓가에 식어있는 램프
만지고 불고 하면 그래도
금시에 서리서리 녹아드는 가슴인데
그어대기 급해라 성냥불 받아 무는
해 벌린 동글한 하늘 향한 입아귀
끝에
어린 환희의 神이 뛰쳐나와서 춤을 춘다

*

앉은뱅이 알몸인 램프여 너는
푸르뎅하니 어리어 오는 하늘
째앵한 해가 되려 춥기만 했다
다못 낮달의 하릿한 눈짓을 좇아
따사로이 마음은 켜져보려 애썼으나
첫 박쥐 퍼득임 먼 귀에 들려오자

그만 지쳐서 싸늘하게 자지러진 모가지
위에
작은 고독의 神이 꼬부라져서 잠들었다

시

『사랑과 미움의 詩』(1957. 11)

아닌 밤중에 눈뜨고 엎드리어
기도도 아닌
시를 쓴단다
영양실조의 앙상한 이 사나이—
끼적거려도 끼적거려도
도시 마음 놓이지 않는 시
끼적거려도 끼적거려도
네 현실처럼 떠듬거리기만 하는 시
저기 어둠 속에서 우는 벌레는
이 한밤의 그리움이 있다 하지만
앙상한 사나이야 너의 시는
무엇이 궁거워
취하여 울지도 못하느냐
바람도 숨죽은 밤에
핏줄 속을 두둥거리고 지나가는 북소리가 있다
털어도 털어도
모가지 위에 덮쳐오는 검은 재가 있다

시

『52인 시집』(1967. 1)

아닌밤중에 눈뜨고
엎드리어
기도도 아닌
시를 쓴단다
영양실조의 앙상한 이 사나이—
끼적거려도 끼적거려도
도시 마음 놓이지 않는
시
끼적거려도 끼적거려도
네 현실처럼 떠듬거리기만 하는
시
저기 어둠 속에서 우는 벌레는
이 한밤의 그리움이 있다 하지만
앙상한 사나이야 너의 시는
무엇이 궁거워
취하여 울지도 못하느냐
바람도 숨죽은 밤에
핏줄 속을 두둥거리고 지나가는 북소리가 있다
털어도 털어도
모가지 위에 덮쳐오는 검은 재가 있다

鍾路醉歌

『사랑과 미움의 詩』(1957. 11)

*

그대 밑천은
냉골방에 펼쳐논 누데기 한채
靑紅도 색 낡았다
무늬 아닌 얼룩은
비꾸러진 청춘의 피어린 履歷이라

*

어슬어슬 저무는 뒷골목 처마 밑에
소리 없이 웃는 웃음
바람 마구 흩뿌리는
값싼 그대 분냄새는
취한 코엔 진실로
썩는 과일만양 향그러웠다

*

어느 예지로운 나라에서의
이마 드높은 귀공자

아니래서
털빠진 비로오도 홀쑥한 무릎 앞
덩그러니 올라 앉아
새삼 겸연쩍어 할것도 없는
나 또한 어 거리의
밤의 놈팽이
—그러나

*

갑자기
무슨 시들어지는 꽃이나처럼
웃음 거두면
그대 죽은 사람의 白蠟의 얼굴
일어서서 훌훌 벗어제끼는
(十촉 전기알 아래)
가늘고 기이드란 손가락 가락……
忍從의
그 뒷모습의 쓸쓸함이여!

*

그나 저나
이곳에 오면 놓이는 마음
그대는 활짝 피어 다시 웃어라
졸음에 겨운 눈을 비비고 뜨면
행복은 먼 하늘에 깜박이는 별
그대는 활짝 피어 다시 웃어라

*

들창위에 별자리
찬란하게 돌아가는 이 좋은 가을 밤에—

鍾路醉歌

『52인 시집』(1967. 1)

*

그대 밑천은
냉골방에 펼쳐논 누더기 한 채
靑紅도 색 낡았다
무늬 아닌 얼룩은
비꾸러진 청춘의 피어린 履歷이라

*

어슬어슬 저무는 뒷골목 처마 밑에
소리 없이 웃는 웃음
바람 마구 흩뿌리는
값싼 그대 분냄새는
취한 코엔 진실로
썩는 과일마냥 향그러웠다

*

어느 예지로운 나라에서의
이마 드높은 귀공자

아니래서
털빠진 비로오도 홀쭉한 무릎 앞
뎅그러니 도사리고 앉아
새삼 겸연쩍어 할 것도 없는
나 또한 이 거리의
밤의 놈팽이
―그러나

*

갑자기
무슨 시들어지는 꽃이나처럼
웃음 거두면
그래 죽은 사람의 白蠟의 얼굴
일어서서 훌훌 벗어제끼는
(십촉 전기알 아래)
가늘고 기이드란 손가락 가락
忍從의
그 뒷모습의 쓸쓸함이여!

*

그러나 그러나
이곳에 오면 놓이는 마음
그대는 활짝 피어 다시 웃어라
졸음에 겨운 눈을 비비고 뜨면
행복은 먼 하늘에 깜박이는 별
그대는 활짝 피어 다시 웃어라

*

들창 위에 별자리
찬란하게 돌아가는 이 좋은 가을 밤에……

冠帽峰 아랫마을

『사랑과 미움의 詩』(1957. 11)

—어머니
먼 冠帽峰 山마루에
다시 이 해의 새눈이
쌓여서 銀으로 빛나옵니까
물 길으시는 당신의
붉으신 손도 보이는듯 하옵니다

山바람은 세차라 오시시 떠는 지붕마다
머리카락 같은 煙氣 한오라기씩
나부껴 올리는 후언한 새벽부터
씩씩거리고 몰려다니는 낯선 靑年들
그 흉칙스런 銃칼의 隊列을
눈으로 나무래고 돌아서시며

어느 구름 아래 非命에 쓰러졌을
이 아들을 다시금 우시옵니까
두어 걸음 옮기곤
서너 걸음 옮기곤
멈춰서서 흠치시는 당신의 이마에도

銀실로 날리는 것이 보이는듯 하옵니다

도라짓빛 무궁한 穹隆의 天井밑
빼어나 사시 사철 영롱한 連峰을
屛風치고 욱어지던 白楊의 마을
믿음 깊은 사람들 한 이웃하여
홀어머니 우리하고 고이 사시던 곳
그곳인들 이 亂離의 불길에서 남아났으리까

햇살 물결치며 부서지는
이 아침 뒷골목 호젓한 들창 위
미사 촛불만양 주렁주렁 고드름 켜들고
잊은듯 개어오른 南道 正月의 하늘
어린 날 고향에 누운듯— 잠시는
아슴프레 멀어지는 避難길의 고달픔

나에게 이제 그리움은 그저
그 하늘에 그 山 山아래에 그 마을
冠帽峰 百里 기슭 휘파람바람 자고

눈길 화안히 트이는 그 어느 날에사
그윽한 그 품속에 가서 안겨 보오리까
—어머니 그 무릎에 목놓아 엎드려 보오리까

램프의 詩(一)

『사랑과 미움의 詩』(1957. 11)

날마다 켜지던 窓에
오늘도
램프와 네 얼굴은 켜지지 않고
어둑한 黃昏이 제집인양 들어와 앉았다
피라도 보고 온듯 선득선득한 느낌
램프를
그 따뜻한 것을 켜자
얼어서 찬 등피여 호오 입김이 愁心되어 갈앉으면
석윳내 서린 골짜구니
뽀얀 안개 속
홀로 울고 가는
가냘픈 네 뒷모습이 아른거린다
戰爭이 너를 데리고 갔다 한다
내가 갈 수 없는 그 가물가물한 길은 어디냐
안개와 같이
끝내 뒷모습인채 사라지는 내 그리운 것아
싸늘하게 타는 램프
싸늘하게 흔들리는 내 그림자만 또 남는다
어느새 다시 오는 밤 검은 窓안에—

깨어진 房*

『사랑과 미움의 詩』(1957. 11)

아아 나, 나는 또 어디로, 어디로 가라느냐?

며칠 만에, 아니 몇해 만에, 나 더듬어 돌아왔다. 꿈에도 그가 있어, 비둘기 같은 그가 있어, 정갈하고 다정하던 여기 이 조그마한 방…… 앉아있을 그는 없고, 싸늘하니 앉아있는 낯선 먼지!

그날, 그와 나, 서로에게의 말못할 애련은, 떨리는 손과 손에 뜨거이 모아, 마지막 총총히 묶던, 그와 나 목숨의 보따리…… 남은 새끼부스럭, 쥐똥 위에, 싸늘하니 앉아있는 낯선 먼지!

먼지의 면사포, 금 간 웃음을 싸고, 기울어진 벽위에, 당신만 호젓이 살아남은 마리아,…… 아아 마리아, 나의 그 눈맑은 소녀는, 비둘기처럼 날아갔나요, 포탄을 타고? 그래요, 비둘기처럼 날아갔다고, 그렇게, 그렇게만 말해 주어요.

어리석은 나, 나는 또 이렇게, 살아서 돌아왔읍니다, 피와 피와, 불과 불과, 아아 저승의 하늘 아래, 죽음의 땅을 주름잡아, 단 하나의 나의 보람, 나의 눈, 그를 찾아서 미쳐서 부르면서……

봄이 오면, 나도 갈까나, 그 눈동자 살아서 보고 있을, 저기 저 푸른 물, 저편 하늘로, 고이고이 날개저어…… 봄이 왔다. 나는, 푸른 물 저편을, 멀거니 바라 보면서…… 봄은 갔다. 나는, 푸른 물 이편에, 울지도 못하는채, 우뚝 서서 있다.

어리석은 나, 나에게는 바다를 날아 넘을, 날개도 없었읍니다.

아아 나, 나는 또 어디로, 어디로 가라느냐?

* 「깨어진 房」은 『램프의 시』 158쪽 「아베 마리아」(《詩作》(1954. 7)의 개작임을 밝혀둔다(편집자 주).

少年戀慕

『사랑과 미움의 詩』(1957. 11)

꿈은
北海 검푸른 물 웅얼거리는 하늘로 날아갔다
물위에 솟아오르는 노오란 해바라기
굵은 이파리 밑으로
가만가만히 고개를 드는 女人

머언데 이쪽 하늘을 바래어
반쯤 입술을 벌린 木像의 그 얼굴
(나를 낳고선 그 바다 짠물에
아픈 胎ㅅ줄을 흘리었다는 聖處女 어머니)
머언데 이쪽 하늘을 바래어
반쯤 입술을 벌린 木像의 그 얼굴

꿈은 거기서 더는 연속되지 않는다
어둠 속의 幻燈과도 같이
홀연 그 女人 사라지고
해바라기 사라지고

높새바람 속
다시 검푸른 물만 웅얼거리는 바다 위에
흰 외갈매기 한동안 떠돌고 있는 것이었다

女人微笑

『사랑과 미움의 詩』(1957. 11)

밤이면 나도 모르게 가아지는 길이 있읍니다
이슬을 먹음고 자줏빛 강하게 풍기는 범부채 꽃숲길
—꽃숲길 호젓한 그늘속
둥그런 젖가슴에 머리채 치렁치렁한 처녀 하나이
의젓이 기다리고 섰다가
아름 따간 꽃다발을 받아 들고선
어머니 같으신 미소를 내 이마에 부어 줍니다
그만 나는 아름다운 소년이 되어 홍얼홍얼
키를 넘는 꽃숲길을 헤치며 헤치며 돌아오지요

—누구한테도 말하고 싶지 않은 내 꿈이야기입니다

조그마한 무덤 앞에

—哭 素玉

《현대여성》(1954. 7)

흰 나무패 눈에 시린
임자 무덤 앞에 손을 짚으면
잊은 줄만 믿었던
슬픔이 파도처럼 밀리어 오오

임자 하얀 손이 거기에 있오
임자 맑은 눈동자가 거기에 있오
되살아 오는 가지 가지 말씀

소리 없이 앓다가
소리 없이 눈감은
임자는 지금도
먼 바다울음에 소리 없이 귀 기울이고 있오이까

숲 속에 소소로이 흔들리는 들국화
들국화 들국화
시월달 산바람에 마구 휘불리우는
연보라빛 쓸쓸한 네 모습을
오오 누구라 마음하여 나는 불러 볼건가

임자 앞에 꺾고저
이 산허리 어느 비탈 어느 골짝에나
구름처럼 들국화만 피어 있음에
다시금 나는 눈물이 솟아 뜨거운 눈물이 솟아

흙내음새도 새로와 가슴 막히는
임자 조그마한 무덤 위에 얼굴을 묻고
언제나
언제까지나 순결하리라 맹세하는
나요
유정이요

조그마한 무덤 앞에

—素玉을 哭하는 詩

『사랑과 미움의 詩』(1957. 11)

흰 나무패 눈에 아픈
임자 무덤 앞에 손을 짚으면
잊은줄만 믿었던
슬픔이 파도처럼 밀리어 오오

임자 하얀 손이 여기에 있소
임자 푸른 눈동자가 여기에 있소
되살아 오는 가지가지 말씀

몰래 홀로 앓다가
몰래 홀로 눈감은
임자는 지금도
먼 파도소리에 홀로 귀 기울이고 있소이까

수풀 속에 소소로히 흔들리는 들국화
들국화 들국화
시월달 산바람에 마구 휘불리우는
연보라빛 가녈픈 네 모습을
오오 누구라 마음하여 나는 불러 볼건가

임자 앞에 꺾고저
이 산허리 어느 비탈 어느 그늘에나
구름처럼 들국화만 피어 있음에
난 다시금 눈물이 솟아…… 뜨거운 눈물이 솟아……

흙내음새도 새로와 가슴 막히는
임자 조그마한 무덤 앞에 얼굴을 묻고
언제나
언제까지나 순결하리라 맹세하는
나요
유정이요

紅顏의 아침

『사랑과 미움의 詩』(1957. 11)

紅顏의 아침
아른 아른
노을 도는 地平에
하늘이 내리신
한톨의 씨앗인가고
이 내 生命
驚異로웠다
雲住山 깊은 골은
솔바람 소리 속
호젓이 피어난
한떨기 풀꽃
하얀 純潔이 애틋해
부여안고 볼 부비면
높은 높은 푸르름에
날개 휘어 감돌던
아 그 소리개
그리움은
고이어 넘치는 샘물
雉城벌에 지는 해

피빛 그리매 비낄 때면
한 나라 巨人의
슬픈 臨終 보는듯
온 뺨은 뜨거히
젖는대로 섰었다

紅顔의 아침

『52인 시집』(1967. 1)

紅顔의 아침
아른아른
노을 도는 地平에
하늘이 내리신
한톨의 씨앗인가고
이 내 生命
驚異로웠다

雲住山 깊은 골은
솔바람 소리 속
호젓이 피어난
한 떨기 풀꽃
하얀 純潔이 애틋해
부여안고 볼 부비면
높은 높은 푸르름에
날개 휘어 감돌던
아 그 소리개

그리움은

고이어 넘치는 샘물
雉城벌에 지는 해
피빛 그리매 비낄 때면
한 나라 巨人의
슬픈 臨終 보는 듯
온 뺨은 뜨거히
젖는 대로 섰었다

진눈깨비

— 一九五二年의 記憶

『사랑과 미움의 詩』(1957. 11)

가는 곳곳이 길은 막다르고
가슴 속은 하늘처럼 어둡다
미친 개 같이 다랍게 고픈 배
배꼽까지 젖는대로 어는데
염치 없이 양뺨에 흘러 내리는
차고 짠 이것은 무슨 진눈깨비냐
그날 내 멱살을 잡고 詛呪하시던
아버지 당신의 불덩이 같은 눈초리
되살아오는 그런 아픔을 안고
오늘 또 바람 쌀쌀한 慶尙道 거리
흙탕길을 자꾸만 미끄러지며
아아 내 나이 설흔 하나
이렇게 얼굴과 몸이 醜해졌으니—
(1953)

가는 봄

《實話》(1955. 6)

손꼽아 세어보면
아아 내 혼잣사랑도
여러 사연을 지니었고나
—소옥이
—영이
가는 봄 먼 들에 피하여 와서
문들레 노란 꽃 꽃니파리 뜯어
—연순이
푸른 푸른 하늘에 던지옵네
나생이 하얀 꽃 꽃니파리 뜯어
—정자
낮바람 맞바람에 날리옵네

가는 봄

『사랑과 미움의 詩』(1957. 11)

손꼽아 세어보면
아아 내 혼잣사랑도
여러 사연을 지니었고나
—소옥이
—영이
가는 봄 허전한 들에 피하여 와서
민들레 노란 꽃 꽃니파리 훑어선
—연순이
푸른 푸른 하늘에 던지옵네
나생이 하얀 꽃 꽃니파리 훑어선
—정자
마파람 은빛 바람에 날리옵네

* 『52인 시집』에는 「가는 봄」 6행 〈가는 봄 허전한 들에 피하여 와서〉가 〈가는 봄 적막한 들에 피하여 와서〉로 수정하였다(편집자 주).

2부 발표·미발표 시(시 창작순으로)

小曲

《대구일보》(1952. 3)

먼 고향
구름처럼
떠도는 몸은

사랑하는
사람을
두고 올거나

타국땅
바람 차라
밤에 앉으면

누구를
생각하여
등불 지키리?

*

눈물을
구슬처럼

지니는 이는

산 바다
하늘 밖에
떠나 살거나

그래 또
이 한밤을
아니 잠자고

그대 불러
이 섬에
나는 울어라

가슴에 이는 불

《학생월보》 제2호(1947. 5)

그대들이 무슨舘 무슨舘을 몰려댕기며, 술과 계집과
너털웃음과 땅 흥정에 세월이 없는때에도,
무더운 황土 잡草속에 낯을 파묻고,
우리에겐 한목음 남배 피울 기쁨도 없도다.

우리 지닌것 멍들어 펴지질 않는 두 주먹과
부즐없이 늙어갈 황소같은 몸뚱아리 뿐!
우리의 피땀으로하야 가이없이 푸르른 이 들판엣
아아, 한줌 흙덩어리조차 우리것은 못 되었어라!

그대들의 기름진 하얀 손들을 부러워 함은 아니라,
그대들의 몇순갈의 은혜를 바람은 더욱 아니라,
우리의 슬픔! 오직 우리의 것을 우리 갖고저 가슴에 이는
가슴에 이는 불을 제어못하야 오늘도 괭이드는 것!

할렐루야

《연합신문》(?. 5월)

마침내 切痛한 억울이
이 虛虛로운 공笑로 通함을 아느냐

보라 여기에 한 미치광이 女人은 가나니
차라리 王女처럼 부끄러운데를 넉마로써 가리우고
우러르면 해바라기 같은 눈부신 햇님이
몇개라도 푸른 공중에 웃고 있어
거리에 넘치는 이 숫한 고양이들은
귀여운 내 사내 자식새끼에 몸종들이란다께!
원도 사또도 대갈도 예 같이 없잖아 있어
거들어져 있어—

하늘의 선물처럼
소리 없는 백성 위에 저녁놀이 떴다

初冬의 노래

—P·H·S에게

《대구일보》(1953. 12)

깜정빛 아름다운 계절
끼끗한 손님이여 겨울
손님 기척 들리자 이파리 떨쳐 감추고
갑자기 새침더기 되어 맞는 거리를

보시오 깜정저고리 깜정치마의 앞장 세우고
상냥스레
그러나 놈놈하게
마차말의 방울소리 짤랑거리며
그대는 겨울이여 찾아 왔읍니다 그려

지난밤 마지막 뿌린 찬비에
파다거리는 알룩날개 호랑나비를 흐느껴
울고 깬 소년 나의 푸른 눈물 위
헛전히 씻겨 오른
저기 저 하늘
하늘 아래 저 바다
(나에게 아름다움은 이제 하늘과 바다

햇살 소리치며 부서지는
이 아침 조그만 나의 창 앞에
미사 촉불인양 주렁주렁 고드름 켜들고
다정한 손님이여 겨울
그대 상글하니 웃고 와 서 있구료

겨울이여 그대 맞아 내일은 나도
깜한 코오드에 깜한 詩集
修道 童女의 수집은 걸음으로
조심 조심 나서 볼까요
그대의 하얀 선물을 자랑스레 받기 위하여

아베 마리아

《詩作》 제2집(1954. 7)

아아, 나, 나야. 나는, 또, 어디로. 어디로라도, 떠나자, 시 떠나자

며칠 만에, 아니, 몇해 만에, 나, 더듬어 돌아 왔다, 꿈에도 네가 있던, 비둘기 같은 네가 있어. 촛불처럼 정답던 이 방. ……앉아 있을 너는 없고, 싸늘하게 앉아 있는 낯선 먼지야!

그날, 너와 나, 서로에게의 애련을, 뜨거히, 뜨거히 담고 떨리는 손과 손에, 마지막 총총 묶던, 너와 나 목숨의 보따리. ……남은 새끼부스럭, 쥐똥 위에, 싸늘하게 앉아 있는 낯선 먼지야!

벽에도 뽀얀 먼지, 먼지의 면사포, 기울어진 표정은 싸고, 당신만 이 방에, 살아 남은 마리아. ……아아, 마리아, 마리아님. 나의 그, 키작은 소녀는, 어디로, 어디로 갔나요?

아베 마리아, 아베 마리아, 나는 또 이렇게, 살아 남았읍니다.……피와, 피와, 불과, 불과, 아아, 저승 같은 하늘 아래, 단 하나의 나. 베아트리이체, 베아트리이체를, 미쳐서 부르면서……

아베 마리아, 마리아님. 나의 그, 키작은 소녀는, 비둘기처럼, 날라 갔나요? 폭탄 타고. 그래요, 비둘기처럼, 날라 갔다고, 그렇게, 그렇게만, 말해 주어요.

봄이 오면, 나는 가리라, 푸른, 저, 「구원」과 같은, 바다를 뛰어 넘어. ……봄이 왔다, 나는, 푸른 물 저편을, 멀거니 바라보면, ……봄은 갔다, 나는, 푸른 물 이편에, 울지도 못하고, 서서 있다.

아베 마리아, 마리아님, 나에게는, 바다를 뛰어 넘을, 단테의 하늘 날개도, 동·키호오테의 덜렁말도, 없었읍니다.

아아, 나, 나야. 나는, 또 떠나자. 어디로. 어디로라도. 떠나자, 떠나자……

訪問者

—C에게

《민병순보》(1954. 9)

이 아침에
찾는 이 없는 나의 창 앞에
홀연히 날아 와서 우는 매아미
귀성스런 손이여
푸른 산 저기 두고
뭇 벗의 향연소리 저기 두어 두고
잠시 그늘할 한그루 포푸라 세우지못한
살벌의 이 저자
혼자 앉은 내 앞에
무에라 혼자 와서
열심히 열심히 부르는 노래
—천지에 꽃은 지고
다시 또한번 꽃은 피어 이운다는
무성한 계절속
홀로이 돌아앉아
흰낮을 고개 묻고 야위는 얼굴 위에
산바람 같이 일어오는 그 소리
산바람 같이 슬어지는 그 소리
처절한 처절한 생애의 노래!

오래 잊었던
하늘이 부시어라
열없이 쳐다보면
자꾸 감기는 눈에
이 무슨 이슬을 선물하고
아슬한 푸르름속 그림자도 없이 날아 사라진
올해의 올해만의 손
매아미여
매아미여

訪問者

—金洙暎에게

『한국전후문제시집』(1964. 10)

이 아침에
찾을 이 없는 먼지 낀 창 앞에
기척도 없이 와서 부르는 소리
괴팍스런 손(客)이여
푸른 산 저기 두고
뭇 벗의 향연소리 저기 두어두고
잠시 그늘할 한그루 포푸라도 세우지 못한
깡마른 뜰 앞에
무에라 혼자 와서
열심히 열심히 부르는 소리
—천지에 꽃은 지고
다시 또 한번 피어서 이운다는
무성한 날빛 속
홀로이 돌아앉아
세월 모르고 야위는 얼굴 위에
산바람같이 밀어오는 그 소리
산바람같이 쓸어가는 그 소리
須臾 生涯의 一身 懸命의 노래!
오래 잊었던

하늘이 부시어라
열없이 쳐다보면
아슬한 푸르름 속 그림자도 안보이고 날아 사라지는
올해의 올해의 손
매아미여
매아미여

검은 재

《평화신문》(1954. 10. 10)

한밤에 일어나 엎드리어
기도도 아닌
시를 쓴단다
영양실조의 이 앙상한 사나이야
끼적거려도 끼적거려도
생각과는 전혀 빗달아나는 시
끼적거려도 끼적거려도
도시 떠듬거리기만 하는 시
어둠 속에 우는 벌레는
한 밤의 그리움이 있다 하지만
앙상한 사나이야 너의 시는
무엇이 궁거워
취하여 울지도 못하느냐
바람도 숨죽은 밤에
자꾸 머리카락이 설렌다
털어도 털어도
모가지 위에 묻어오는 검은 재가 있다

비밀한 日課

《京鄕詩苑》(1955. 3)

당신이 알지 못하는 내 비밀한
일과를 이야기 할가요.

밤이면 나도 모르게 가지는 길이 있읍니다
이슬을 먹음고 강하게 풍기는 보라빛 범부채꽃 —꽃숲길 속에
둥그런 젖가슴에 머리채 치렁치렁한 그리운 처녀 하나이 기다리고 섰다가
아름 따 간 내 꽃다발을 받아 들고선
어머니 같으신 미소를 내 이마에 부어 줍니다
그만 나는 아름다운 소년이 되어 훙얼 훙얼
꽃숲길을 돌아오지요
누구에게도 말하고 싶지 않은 내 꿈 이야기입니다

비밀한 日課

밤이면 나도 모르게 가지는 길이 있읍니다
이슬을 먹음고 강하게 풍기는 보라빛 범부채꽃
—꽃숲길 속에
둥그런 젖가슴에 머리채 치렁치렁한 그리운 처녀 하나이
기다리고 섰다가
아름 따 간 내 꽃다발을 받아 들고선
어머니 같으신 미소를 내 이마에 부어 줍니다
그만 나는 아름다운 소년이 되어 훙얼 훙얼
꽃숲길을 돌아오지요
누구에게도 말하고 싶지 않은 내 꿈 이야기입니다

*《京鄕詩苑》(1955. 3. 9)에 게재된 「비밀한 日課」는 스크랩북에 시인이 교정본 것을 정본으로 한다. 1연 〈당신이 알지 못하는 내 비밀한/일과를 이야기 할가요〉는 삭제하였고, 2연 2행 〈이슬을 먹음고 강하게 풍기는 보라빛 범부채꽃 —꽃숲길 속에/둥그런 젖가슴에 머리채 치렁치렁한 그리운 처녀 하나이 기다리고 섰다가〉는 〈이슬을 먹음고 강하게 풍기는 보라빛 범부채꽃/—꽃숲길 속에/둥그런 젖가슴에 머리채 치렁치렁한 그리운 처녀 하나이/기다리고 섰다가〉로 행갈이하였음을 밝혀둔다(편집자 주).

검푸른 물

《學園》(1955. 7)

꿈은
북해(北海) 검푸른 물 웅얼거리는 하늘로 날아갔다.
물 위에 솟아오르는 노오란 해바라기
굵은 이파리 밑으로
가만가만히 고개를 드는 여인(女人)
머언데 이쪽 하늘을 바래고
반쯤 입술을 벌린 목상(木像)의 그 얼굴
〈나를 낳고서는 그 바다 짠물에
아픈 탯줄를 흘리었다는 성처녀(聖處女) 어머니〉
머언데 하늘을 바래어
반 쯤 입술을 벌린 목상의 그 얼굴

꿈은 거기서 더는 연결되지 않는다.
아름다운 환등(幻燈)과도 같이
홀연히 그 여인 사라지고
해바라기 사라지고

놉새 바람에
다시 검푸른 물만 웅얼거리는 하늘 위에

흰 외갈매기 한동안 떠돌고 있는 것이었다.

* 《學園》(1955. 7월)에 발표한 「검푸른 물」 1연 7행 〈반쯤 입술을 벌린 목상(木像)의 그 얼굴〉은 〈반쯤 입술을 벌린 석상(石像)의 그 얼굴〉로, 1연 11행 〈반쯤 입술을 벌린 목상(木像)의 그 얼굴〉은 〈반쯤 입술을 벌린 석상(石像)의 그 얼굴로, 2연 2행 〈아름다운 환등(幻燈)과도 같이〉는 〈어둠 속의 환등(幻燈)과도 같이〉로 시인이 교정을 봐둔 것을 정본으로 삼았음을 밝혀둔다(편집자 주).

六月 하늘 밑에서

《제일신보》(1954. 6)

보아라 오늘 젊은 꼬호의 캐ㄴ봐스에서처럼
가슴속 벅차게 쏘ㄷ아져 내리는
오 코발트·불루우의 유월의 하늘
우리들 살아서 숨쉬는 기쁘ㅁ이란다
그러나 그 미친 꼬호의 캐ㄴ봐스에서처럼
이제는 두개 세개 딩굴더ㄴ 피빛 太陽
어둡고 어둡더ㄴ 하늘
이 나라 歷書에 六月 二十五日
네가 있어서 흐리는 우리의 가슴이여
그러나 그 미친 꼬호의 캐ㄴ봐스에서처럼
다시는 피빛 太陽을 딩굴게 하지말아라
그 젊은 꼬호의 캐ㄴ봐스에서처럼
코발트·블루우 코발트·블루우로만 彩色하게 하여라
우리의 하늘
오 우리의 가슴을!

초여름의 하늘 밑에서

《코메트》(1959. 8월호)

보아라 오늘 젊은 꼬호의 캔봐스에서처럼
가슴속 벅차게 쏟아져 내리는
코발트·불루우의 유월의 하늘
우리들 여기
살아남아서 숨쉬는 기쁨이란다
그러나 그 미친 꼬호의 캔봐스에서처럼
엇그제는 두개 세개 딩굴던 피빛 태양
어둡디 어둡던 하늘
이 나라 달력에 유월 二十五일
이 날로 하여 멍든 우리네 가슴들이어
그러나 오늘은 그 미친 꼬호의 캔봐스에서처럼
다시는 피빛 태양을 딩굴게 하지 말아라
그 젊은 꼬호의 캔봐스에서처럼
코발트·블루우 코발트·블루우로만 채색하게 하여라
우리의 하늘
오 우리의 가슴을!

傷春童歌

《중앙일보》(1956. 5)

손꼬ㅂ아 세어보면
아아 내 혼잣사랑도
여러 사연을 지니었고나
—소옥이
—영이
오늘도 뒷산 숲속에 숨어
볼 비비대어본다 껴안아본다
에미나이 머리털처럼 싱그러운 풀!
나생이 하야ㄴ 꽃은 마구흐ㅌ어서
—연순아
푸른 푸른 하늘에 던진단다
민들레 노란 꽃은 질겅질겅 씹어서
—추임아
바람에 금바람에 흐ㅌ뿌린단다

* 《중앙일보》(1956.5. 11)에 발표한 「傷春童歌」는 시집 『사랑과 미움의 詩』에는 「가는 봄」으로 개작하여 수록하였다.(편집자 주)

休息

《조선일보》(1958. 8)

하루 끝에 日暮가 勞役 끝에 休息이
커다란 恩寵으로 休息이 오네

이 가만한 溶暗의 自然風景에
말없이 섰노라면
덩치큰 내가 되려 숭없지 않네

한낮에 뿌린 땀이 꿈만 같구나
불볕에 뿌린 땀이 꿈만 같구나

풀벌레들이여, 어둠 속에 눈뜨고 숨 고르는
작은 친구들이여, 오직 이 瞬間을
이 瞬間을 위하여 목놓아 노래하게

오, 이 靑草처럼 맛나는 싱싱한 空氣!

* 《조선일보》(1958. 8. 22))에 발표한 「休息」 4연 〈풀벌레들이여, 어둠 속에 눈뜨고 숨 고르는/작은 친구들이여, 오직 이 瞬間을/이 瞬間을 위하여 목놓아 노래하게〉를 〈풀벌레들이여, 四方 속에 눈뜨고 숨 고르는/작은 친구들아, 오직 이 瞬間을/오늘 이 瞬間을 목놓아 노래하라〉로, 5연 〈오, 이 靑草처럼 맛나는 싱싱

강물처럼 퍼지는 뜨끈한 疲勞感!

오, 이 喜悅만은 내게서 빼ㅅ을수 없네!

한 空氣!/강물처럼 퍼지는 뜨끈한 疲勞感!/오, 이 喜悅만은 내게서 빼ㅅ을수 없네!〉는, 〈오, 이 靑草처럼 맛나는 차거운 空氣!/강물처럼 퍼지는 뜨끈한 疲勞感!/오, 이 喜悅만은 내게서 뺐을 수 없네!〉로 시인이 교정을 봐둔 것을 정본으로 삼았음을 밝혀둔다(편집자 주).

없을 보람의 노래

—내 子息에게 주는 哀歌

『한국전후문제시집』(1964. 10)

어허 언젠가도 이렇게
어설프디 어설픈
情景이 있었더라?
情景이 있겠더라?

흐릿한 등불 아래
다리 죄다 傷痍인 소반 위에
이빠진 사발 하며 찌그렁 양재기
달가락 달각 소리도 없이
지아비와
지어미와
새끼 옆에 달고
주고 받는 말수조차 뜨문 뜨문
그림자로 앉아서 숟갈질만 하고 있는……

어허 언젠가는 이 내가
그 서글픈 지아비와 지어미의
애물덩이 새끼로서
흐릿한 등불 아래

이렇게 끼어앉아
어설프디 어설픈 밥을 먹었더니라!

흐릿한 등불 아래
지아비와
지어미와
새끼 옆에 달고
주고 받는 말수조차 뜨문 뜨문
그림자로 앉아서 숟갈질만 하고 있는……

어허 언젠가는 너 또한
그 서글픈 지아비가 되어서
지어미와 새끼 달고
흐릿한 등불 아래
이렇게 끼어앉아
어설프디 어설픈 밥을 먹으렸다? 밥을 먹으렸다?

聖夜

《國際評論》 창간호(1959. 2)

銀紙별들 휘황한 商街 앞을
夜盲症만양 옆길로 避하면서
우줄우줄 몰려가는
傷痍兵士같은 말없는 우리들

길 잃은 羊아 내 同胞들아
歲暮라 더 황황해 할것 없을텐데
잠시 쉬어나 가게
이 밤은 聖誕祭라네

제 肝 같은걸 널어놓고 아우성치는
깐드레불 露店의 검은 얼굴들은
北쪽 오지 못할 故鄕에 버리고 온
내 애비에미만 같고나

가위눌린 어둠이 어떻게 또 새면
하늘 없는 내 窓앞에도
그 꾀꼬리 같은 少女들은 와서
福받으라 聖스러운 노래를 불러줄테지?

펄럭이는 銀紙별들 위에
못 박혀 피 흘린 이의
蒼白한 얼굴이 자꾸만 떠오르는
이 밤은 聖誕祭— 거룩한 聖誕祭라네

聖夜

銀紙별들 휘황한 商街 앞을
夜盲症의 눈들을 히번득거리며
우줄우줄 몰려가는
코끼리같은 말없는 群像들

길 잃은 羊아 내 우리네 白姓들아
歲暮라 더 황황해 할것 없을텐데
잠시 놀면서 가게
이 밤은 聖誕祭라네

제 肝 같은걸 널어놓고 아우성치는
깐드레불 露店의 시커먼 얼굴들은
北쪽 오지 못할 故鄕에 버리고 온
내 애비에미만 같은데—

가위눌린 어둠이 어떻게 또 새면
하늘 없는 찌그러진 내 窓앞에도
그 꾀꼬리 같은 少女들은 와서
福받으라 聖스러운 노래를 불러줄테지?

펄럭이는 銀紙별들 위에
못 박히어 피 흘린 이의
蒼白한 얼굴이 자꾸만 떠오르는
이 밤은 聖誕祭— 거룩한 聖誕祭라네

*《國際評論》 창간호(1959. 2. 10)에 발표한 시를 추후에 시인이 부분적으로 고친 것을 정본으로 삼았다(편집자 주).

異邦人

一畏友 姜汗慈(A Hanza kang)에게

『52인 시집』(1967. 1)

이 地域 지나는
너는 한낱 異邦人
부질없는 情景에 傷感치 말라
暗鬱한 氣流 속
보라
어제 血肉이 鮮血을 뿌린 곳에
得意한 者는 높이 永住의 벽돌을 쌓아올리고
狷狂의 徒는
黃土의 먼지바람에 야윈 肋骨을 불리우며
길이 깨어나지 않는다
구름에 끼룩 候鳥 울 때
꾸룩 蛔ㅅ배 울리며
어느 하늘이고 되돌아보려 함은 孤兒의 童貞
아직 悔惡할 줄 아는 靑年은
얼굴 묻고 娼女의 乳房 위에
눈 오는 故鄕山 꿈이나 꾸라
—그렇게 일러주고
이곳 지나면
다신 돌아들지 말라

너
영원한 無緣의 異邦人

*유정과 姜汗慈가 알랭의 『행복론』(학우사, 1954년)을 공역하였다(편집자 주).

오오 四月에

—歌曲을 위한 試作

《코메트》(1960년 10월호)

오오 四月에
불이 붙은 진달래
怒한 불길은
山과 들을 덮었다
슬기로워라 이땅의 아들딸들
꽃봉오리의 그 목숨 방패 삼아
獨裁의 무리 끝내 물리쳤으니

　　울어라
　　또 웃어라
　　第二共和國은
　　蒼空에 눈도 부신 民權의 太陽

오오 四月에
진달래는 졌으나
꽃다운 넋은
붉게 살아 빛난다
꿀꿀하여라 이땅의 아들딸들
메아리하는 그 외침 외어받아

正氣民族의 힘찬 노래 울려라

싸우자
또 지키자
第二共和國은
온 世界 우러르는 自由의 國土

* 《코메트》(1960. 10월)에 실은 「오오 四月에」 3련 〈붉게 살아 빛난다/꿎꿎하여라 이땅의 아들딸들/메아리하는 그 외침 외어받아/正氣民族의 힘찬 노래 울려라〉는 〈붉게 살아 비춘다/꿋꿋하여라 이땅의 아들딸들/메아리하는 그 외침 외어받아/民族正氣의 힘찬 노래 울려라〉로 시인이 고친 것을 정본으로 삼았다(편집자 주).

콩나물

《현대시학》 제5호(1966. 6)

한겨울을
한 포대기 속에서
옹송그리고
옹송그리고 자랐대서
한 겨울을 콩나물만 새김질하고 자랐대서

이른 봄날 햇빛 속
머릴 맞대고 졸고 앉았는 꼴이
그 파르무레한 얼굴들 하며
그 녀릿 녀릿한 허리들 하며
늬들
갈데 없는 콩나물
콩나물 시루 속엣 콩나물

웃어나 보렴
아스스한 햇빛 속
콩짜개 같은 머릴랑 비비대여
배시시
콩나물처럼

콩나물처럼

* 《현대시학》(김광림 발행, 1966. 6월)에 실은 「콩나물에」 2연 3행 〈그 파르무레한 얼굴들 하며/그 녀릿 녀릿한 허리들 하며〉는 〈그 노르무레한 얼굴들 하며/그 녀릿 녀릿한 팔다리들 하며〉로 시인이 고친 것을 정본으로 삼았다(편집자 주).

悲鳴

《동아일보》(1960. 4. 8)

도둑의 무리도 지쳐서 잠들었을 이밤에
목줄띠 빠지도록 짖어대는 개야
누워서 뜬눈으로 듣고 있노라면
나도 미친 네가 되어 울부짖고만 싶구나
그토록 그악스레 네가 되어 짖어대는건
반드시 도둑을 지키려는 충성심만은 아닐게라
그것은 이를테면 폐병환자의 기침
아니 차라리
겁에 질린 피해망상광의 비명소리
〈세계의 어디선가 나를 지켜보고 있는 눈이 있다〉고 한
위대한 시인 라이나·마리아·릴케의 시는
시를 알지 못하는 너나같이 나도 알수가 없다
그렇다 가장 반겨야 할 친구의 웃음조차
모함의 수작으로밖엔 여겨지지 않는
이 착란의 밤의
나는 확실히 겁에 질린 동물
울부짖고만 싶은 너다

* 《동아일보》(1960. 4. 8)에 게재한 「悲鳴」 7행 〈그것은 이를테면〉은 〈이를테면 그것은〉으로, 16행 〈나는 확실히 겁에 질린 동물〉은 〈나는 확실히 겁에 질린 짐승〉으로 시인이 고친 것을 정본으로 삼았다(편집자 주).

落榜한 少年의 獨白

《한국일보》(1967. 12. 19)

마지막 갖다붙인 엿가락도 보람없자,
어머닌 그만 몸져누워 끙끙 앓으신다.
盛裝하고 氣高萬丈이시던 期成會의 女丈夫,
오늘은 물에 빠진 沈淸이같이 처량하시다.
아버진 숫제 말이 없고—
이 悲劇의 張本人이란 내가 도시
미안한줄 모르겠으니 그것이 미안하다.
글쎄 나도 자식된 도리를 할데까진했어,
밤마다 아×뽕을 먹고 아침마다 코피를 쏟았다.
아하 오랜만에 가져보는 이 나의 自由!
하늘 보고 푸념하는 이런 내가 멀쩡한
孤兒가 아닐는지? 의지가지없는 이 심정.
지나가는 밤바람에 아차차 두 줄기,
누가 안다냐? 외로운 외로운 눈물의 맛을.
난 자꾸 어두운 漢江엘 나가고싶다.

金洙暎의 屍身 옆에서 부른 哀歌

一九六八년 六월 十六일 밤 열한시, 흉악한 서울 시내 빠스는 우리의 고귀한 시인 김수영의 생명을 불의에 영원히 앗아갔다.

《한국시선》(1968. 10)

해말간 하늘이 있소. 흰구름이 떠 있소. 내려쬐이는 유월의 햇살이 있소. 저만치 푸르른 강물이 있소. 당신이 아침저녁 거닐던 들길이 있소. 조그마한 다리가 있소. 모두 다 그대로 있소.

행길옆 배추밭 언덕길을 넘어서면, 마포구 구수동 四一의 二번지, 십여년을 하루같이 당신이 쌓아올린 조그마한 벽돌집이 여기에 있소. 정성스런 그 손길이 어제까지 다듬었을, 조촐한 뜨락이 여기에 있소. 작은 바람결에도 흔들려 마지 않는 뱀풀, 딸기풀, 패랭이꽃, 초롱꽃…… 당신이 손수 짰다는 통나무 물방아 시렁 위를, 열심히 기어넘는 등넝쿨도 넝쿨장미도 바로 저기 있는데, 모두 다 그대로 있는데

간밤에 무슨 변이 있었나?

늙으신 어머님도, 계씨들도 매씨들도, 부인도 어린 두 아드님도, 이 아침 한자리에 저렇게 모였는데, 모여서 넋을 잃고 차라리 울지도 못하는데

금호동 막바지로부터 밤길을 더듬어서, 허둥지둥 김이 달려왔소. 유가 달려왔소. 의사 장형이 달려왔소. 윤형이 달려왔소.

최여사가 달려왔소. 모여사가 달려왔소. 이선생이 달려왔소. 백선생이 달려왔소. 안선생이 달려왔소. 황선생이 달려왔소. 양선생이 달려왔소. 박선생이 달려왔소. 김선생이 달려왔소. 손여사가 달려왔소.

눈을 비비면서 비실비실 조형이 달려왔소. 김형이 달려왔소. 이형이 달려왔소. 또 김형이 달려왔소. 함형이 달려왔소. 박형이 달려왔소. 황형이 달려왔소. 또 김형이 달려왔소. 달려왔소 달려왔소. 모두다 당신댁에 달려왔는데

간간이 헛기침을 하면서, 앉았다 누웠다 당신이 골똘히 생각에 잠기던, 골똘히 펜끝을 가다듬던, 이 호젓한 구석방에, 이 아침엔 커어튼도 무거이 드리운 채, 어제대로 책상도 제자리에 놓였는데, 책상 위에 쓰다 만 원고지도 놓였는데, 책상 앞에 반듯이 방석도 놓였는데

간간이 들려오던 그 기침소리가 이젠 없구려. 빼지고 마른, 그러나 따스하기 그지없던 그 널따란 손이 없구려. 놀라기를 잘하던

곧이듣기를 잘하던, 그 커다란 눈이 없구려. 아아 당신이 좋아하던, 그리고 못견디게 당신을 좋아하던, 이 모든 것들을 남겨둔 채, 홀홀히 혼자서 당신은 어디로 갔소?

수영!

수영!

내 遺産

《한국일보》(1971. 2. 1)

遺言이라는걸 하려는 판국이었는데
글쎄 그놈의 꿈이 깨고 말았단 말이다
하마 스미어드는 屍臭의 寢臺머리
제법 妻子라는 것도 있어서
불러 세워놓고
遺言이라는걸 하려는 판국이었는데
아, 내가 남기려 한
마지막 소중한 것이 무엇이었나?
오래도록 가슴앓이하듯
딴은 다지고 다져왔을 그 오롯한 것은?

夜半에
홀로 올빼미눈을 하고 들여다보는
내 現世의 寒心스런 遺産이여
곯아떨어진
보릿자루 같은
애물덩이들이여!

살아남기

—먼 바다 건너간 柳敏에게

『신춘신작시 117인집』(동서문학, 1986)

살아남기 위해서 가는 유학길
막지 말라고 놓아달라고 안달하던 너
너무 높이 날아서 태평양 상공에서
오줌 찔끔 쌌다고 킬킬거린다
그쪽 공항 마중나온 그도 그랬다지
너의 지도교수 그도 그랬다지
살아남기 위해서 인류는 이겨내야 한다
우리가 그걸 해내야 한다고
영국계 호주 국적인 A. W. 스티글 박사
유전공학의 노벨상 감이라는 그
항상 텁석나룻 반바지 바람에 샌들
시간이 없어 시간이 없어 투덜댄다는 그
백인애들이 흑인애들이 뛰고 있어
일인들이 중국인들이 뛰고 있어
김치맛? 집생각? 건 센티멘트라는 거잖어?
제때 잠이나 자야 꿈도 꾸지!
대견하다 아들아— 이 늙은 것도
최루탄 매운 가스 눈물 섬벅거리며
어제는 제물포요 오늘은 왕십리

시간강사 시간 놓칠라 뛰고 있어 뛰고 있어
대견하다 아들아— 하다만
우린 과연 살아남을 수 있을까?
그래 살아남아서 우리
무엇을 한담? 과연 무엇을?
오늘도 푸르디 푸른 하늘
저 하늘에 번갯불 번쩍이고
금강산 천방지축 쌓아올리는 댐
언제 무너져 내릴지 모른다는데
모른다는데—

이십오년 만의 시

미발표

이십오년 만에 내가 시를 썼다고
이십오년 만에 썼다는 데도
통 대꾸가 없다

이십오년 만에 지각한 내 시여
내가 썼다는 데도, 내가 썼다는 데도
다들 귀머거리다 벙어리다

이십오년이나 지각한 내 시여
나에게 탓이 있느냐, 시에 탓이 있느냐
시는 대꾸가 없다

텡 빈 방 구석에서
길다란 더듬이만 쫑긋거리는
이십년 전에 죽은 김수영 같이 생긴
겨울 귀뚜리여
너도 대답이 없느냐

국회 옆에서

《주간조선》(1990. 3. 5)

한바탕 정치쇼를 펼치기 위해
초봄부터 세촉새는
그렇게 우짖었나 보다

한바탕의 정치쇼를 겨루기 위해
먹그을음 속에서 황새는
또 어떻게 울부짖나 보다

떼강도와 불작란에 가슴 조이며
머언 먼 절름의 뒤안길에서
인제는 돌아나와 국회 옆에 선
내 할머님 같이 멍든 꿀들이여

놀란 너네 코 입을 어찌 막으려고
간밤엔 아황산이 저리 날리고
내게는 선잠도 오지 않았나 보다

삼십년 만에 다시 쓰는 시

《창작과비평》(1991. 가을호)

스스로 내던졌던 시. 그 시를
삼십년 만에 다시 쓴다고
실로 삼십 몇해 만에 다시 쓴다고
내 딴에도 좀 설쳐댔나보다
쭈그렁박 다 돼가는 할망구 한다는 소리가
맙소사, 그 언제적 알량한 서정시
그런 걸 다시 쓴다니 그럼 또
한바탕 눈물 짜고 울고불고 하겠네요
주여, 이 믿음 없는 영감때기 행여
다시 미망에 오염되지 말게 하시옵고
여생에나마 구차한 꼴 보지 말게 하시옵소서

할렐루야. 할망구야!

숨어서 우는 새

《창작과비평》(1991. 가을호)

삼십년 만에
삼십년 만에 다시 시를 쓴다고
설쳐대는 꼴이 민망도 했던지
이번엔 그래픽 디자이너 한다는 딸년이
박물관 공룡 보듯 흘끔거리면서
고 빨간 입술로 이렇게 종알거리는 거다
꿈 깨세요 이 풍진 세상에
애써서 시 써서 뭘 하세요
목의 힘 빼세요 제 목소리 내세요
어릴 적 함께 들려주시던
관악산 저 새소리
연초록 백리 숲속 숨어서 혼자 울던
빼어꾹
빼꾹
빽빼꾸우웅
귀 씻고 듣자구요
아, 저 목멘 소리

활극

《창작과비평》(1991. 가을호)

한밤중에 목 말라
주방 나가 전등 켜자
식탁 주위에 소름 끼치는 벌레들의 우글거림!
주인 몰래 벌려놓은 이 난장판
맛 좀 보아라
('사막의 스톰'이랬던가)
동에 번쩍 서에 번쩍
치고 밟고 밟고 치는 활극 끝에
삽시에 널브러진 패잔병의 잔해 잔해……

휘황한 불빛 아래
오랫만에
강자(强子)의 아가리 벌리고 한바탕 껄껄거린 것이었다

* 덧붙이기: 중동의 문제아 후세인, 그가 가장 '무서워'한 게 바퀴벌레였다나.

새와 詩人

미발표

나무가지 위에서 새가 운다
아 재미있다고
사는 재미가 재미재미……
우는 재미가 재미재미……

가련한
한국시인아 너는
무슨 재미로 살지?
무슨 슬픔으로 울지?

네 시를 읽으면 민민민……민주 민주
입맛이 뚝 떨어진다
네 소리를 들으면 민민민……민중 민중
골치가 지끈 아파온다

청명한 하늘에서 새소리는 들리는데
목청도 낭랑하게 새소리는 들리는데
언제까지 지지리 배리배리
밥알이 밥알이냐 밥통 밥통!

세상에 가엾은 存在

—앙리 미쇼의 패러디

미발표

세상에 가엾은 존재는
가난에 우는 여자입니다

가난에 우는 여자보다도 불행한 존재는
외롬에 지친 여자입니다

외롬에 지친 여자보다는 민망한 존재는
버림을 받은 여자입니다

버림을 받은 여자보다는 곤란한 존재는
지지리 못난 여자입니다

지지리 못난 여자보다는 꼴불견인 존재는
잘난체 하는 여자입니다

잘난체 하는 여자보다 따분한 존재는
센스가 무딘 여자입니다

아아 유두분면의 회벽 위에

깜박어리다 마는 형광등……

—그런 여자들을 데리고 살아야 하는
더없이 가엾은 존재는 세상 남성들인가 합니다

개구리 소리 듣는 밤

《어린이 나라》(1949. 7)

멍석을 깔고
밖에서 자도 좋은 시절이 되었습니다.

할아버지 아버지 순례 막둥이 모두
머리를 나란히 하고 먼 개구리 소리를 듣습니다.

개굴 개굴 개굴
개개개 개개!
개—굴 개—굴

지난 해엔 형님도 같이 누워 듣던
개구리………

손을 들면
별하늘이 닿을 듯한 따뜻한 밤입니다.

아가 가는 길

《새교육》(1958. 9월호)

아가 가는 길엔
노랑나비 훨 훨
빨강 잠자리 사악 삭

　　아가 가는 길엔
　　빨강 꽃이 방실 방실
　　하얀 구름이 너훌 너훌

아가 가는 길엔
강아지가 아장 아장
송아지가 움머어

　　아가는 갑자기 멈춰 선다
　　돌아봐도 엄마는 없다
　　응아 아가는 울음보를 터뜨린다

유민에게

미발표

희고 순수한
　　그대 이마!
빼어나 빛나는
　　그대 두뇌!
태평양 높이 날고 날아
누리에 새생명을
　　불러 일구라!
(이 지구는 아직도
어둡고 추우니……)
(1985. 7. 12)

亡鄕

유고시

날 더러
고향을 노래하라 하십니까

나에게 무슨 고향이 있겠습니까

고향이란 내 마음이
돌아갈 곳 아니겠습니까

그런데
당신에겐 고향이 있습니까

(현대인에겐 고향이 없다)

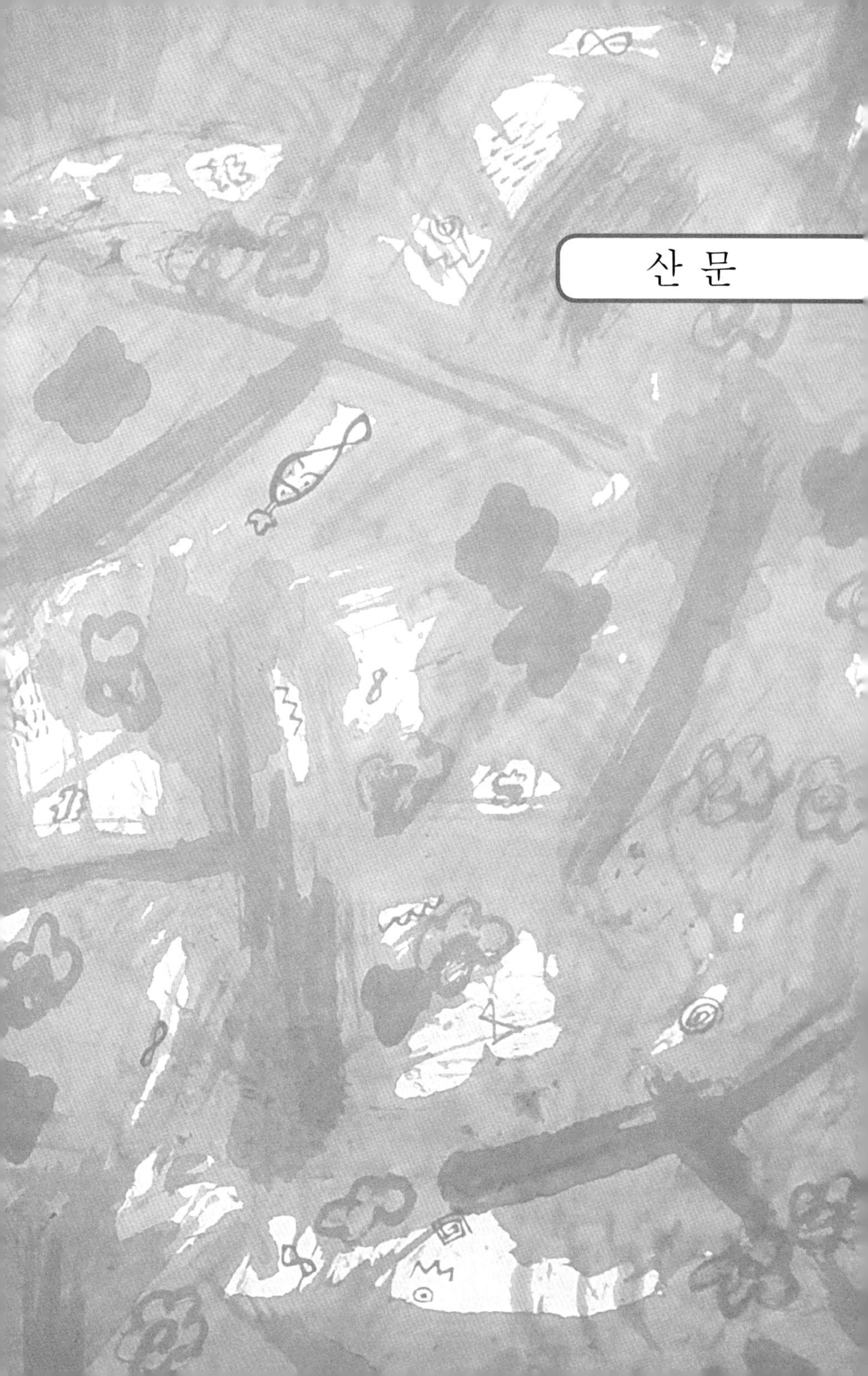

산 문

시인이 된 동기와 이유

뮤즈의 매혹은 그 밑바닥을 알 수 없는 무늬 찬란한 심연深淵과 같다. 한 번 이 심연의 수변水邊에 선 자는 제 스스로를 걷잡을 사이도 없이 한없는 미의 미로 속에 끌리어 들어가고 만다.

끌리어 들어가던 그 도중에서 뮤즈를 붙잡을 재질에 대한 자신이 없음을 재빨리 깨닫고 스스로 발길을 돌리는 자는 차라리 행복하다. 하나 이 여신은 어디까지 음탕스러운 성품인지 어느 잡놈이고 졸부이고 간에 걸리어 든 자는 좀체로 놓아주지 않는다. 여기에서 다정다감한 소년의 불행은 비롯된 것이다.

나의 생지生地는 함경도도 북쪽 끝 가까운 경성鏡城이란 곳이다. 남북에 육백 미터쯤씩 높이의 산이 아늑히 마주서고 서쪽으로 멀리 관모연봉冠帽連峰이 사철 반짝이는 흰눈을 인 것이 병풍처럼 둘러쳐져 있다. 그 사이를 흘러내리는 시냇물이 구비구비 빠져 나간 곳에 푸른 동해물이 가로누워 밤낮으로 웅얼거린다. 산과 들이 엷은 미색에서 진초록으로 번져오르고 다시 불타는 다홍빛에서 모시처럼 희게 깔리는 천지天地에서 나는 고독한 소년의 날을 보내었다

紅顏의 아침

아른 아른
노을 도는 地平에
하늘이 내리신
한톨의 씨앗인가고
이 내 生命
驚異로웠다
—初期詩篇

토목업자로 한창 부영청신副寧淸津 경기 바람에 들떠다닌 아버지와 병신으로 누워있던 어머니와의 냉랭한 사이에서 꿈많은 소년의 마음이 밖으로 밖으로 향하였음은 오히려 당연한 일이다. 인기척없는 산속 숲속에 숨어서, 또는 호젓한 물가에 사람을 피하다시피 하면서 나는 미지未知의 세계에 대한 동경을 암탉처럼 혼자서 품고 키웠던 것이다.

책보속에는 어느 틈엔가 「石川啄木」 「國木田獨步」 등의 낭만과 감상에 넘친 시문들이 들어 있었다. 도스토엡스끼의 「짓밟힌 사람들」은 무슨 천계天啓나처럼 소년의 머리를 뒤흔들어 놓았다.

백로지로 아무렇게나 꿰맨 나의 공책에는 숱한 비가悲歌와 축도祝禱 · 주도呪禱가 깨알같이 적혀 있었다.

고등보통학교高等普通學校(나중에 중학교)에 오르면서 일인 화가 흐치가미〔淵上〕 선생을 알게 된 것이 소년의 일생을 마침내 바로 잡을 수 없는 방향으로 결정짓고 말았다.

동호미술학교를 나왔다는 화가 선생은 호탕한 풍모와 성격의 소유자로 일인으로서는 이단적異端的인 인물이었다. 식민지의 청년예술인을 누구나 거리낌없이 대하고 세수를 하지 않는 봉발蓬髮에 까만 손톱이 길대로 긴 손가락으로 제법 막걸리잔을 저어볼 줄도 알았다. 이 선생한테서 그림공부를 하던 나는 그가 시문예에도 범상치 않은 재능과 관심을 갖고 있음을 알게 되었다. 몇 달후부터는《文藝首都》나《若草》등 잡지에 그와 나의 투고시가 석위席位를 다투면서 게재되었다.

이때에 다시 알게된 동향의 선배시인들은 나의 시심詩心에 더욱 부채질하였다. 같은 동네인줄 모르고 지내던 이용악李庸岳이『낡은집』이란 시집을 들고, 또 함윤수咸允洙씨가『隱花植物誌』를 가지고 대학생 옷을 입은채 동경에서 나왔다. 그 시집들을 펼치면서 인쇄 잉크의 신선한 냄새에 묻히어 나는 적국인 이국의 땅을 무척 그리워했다. 그러던 어느해 겨울 로이드안경에 하프코트를 걸친 김종한金鍾漢이 표연히 시골 역두에 나타났다. 그는 며칠 전에 나의 시를 상찬賞讚하는 엽서를 띄워왔던 것이다. 그에게서 패기에 넘친 시화詩話와 동경문단의 이야기를 들으면서 나는 나대로 몰래 가슴 속에 기하는 바가 있었다.

그 다음해 여름 중학 졸업을 목전에 앞두고 나는 홀로 도항渡航의 배에 몸을 실었다. 호주머니에는 몇 푼의 노자 밖엔 들어있지 않았다. 부모에게 알리지 않았다. 그후로 나는 부모의 낯을 대하지 못하고 말았으니 지금 와서의 뉘우침은 오직 그 점 뿐이다.

시지詩誌《若草》에서의 서신 왕래가 있었던 호리구치 다이가쿠〔掘口大學〕는 반가이 나를 맞아주었다. 생각했던 것과는 달리 엄청나게 젊은 연배라는데 놀랐다는 말과 얼른 시집을 한 권 묶어

내면 좋을 것이라는 말을 하여 주었다. 그는 불란서 시단의 첨단 시파尖端詩派들을 일본에 소개하고 자기도 윗트를 주조主調로한 경쾌한 시를 썼지만 남의 시에 대해선 퍽 넓은 이해와 깊은 감상력을 가진 사람이었다. 남의 시풍詩風에 물들지 않은 점이 무엇보다도 좋다고 나의 풋내나는 서정시를 극구 칭찬하였다. 그에게서 나는 많은 것을 배웠으며 시인을 일생의 목표로 할 것을 아예 결심하기에 이르렀던 것이다.

"무슨 사물事物에 대해서나 경이驚異의 눈으로 대하라. 경이가 없는 곳에 시는 없다"라든지 "무엇보다도 진실을 노래하라. 진실을 진실된 표현으로 노래하라. 시인 자신이 감동치 않는 시에 어느 독자가 감동하겠는가?"라든지 하는 그의 시화詩話는 지금도 최고의 계명戒銘으로 나의 머리속에 살아 있다.

'뮤즈'의 매혹은 심연과 같다. 이 미의 여신女神을 붙잡을 재질才質에 대한 자신이 없음을 이미 깨달았음에도 불구하고 그 수변水邊에서 물러서지 못하는 자는 불행하고도 가련한 인간이다. 그 불행과 가련을 자각하면서도 오늘도 연련히 시를 생각하고 끙끙 골머리를 앓는 이 위인은 천치 아니면 미치광이라할까?

《세계일보》(1959. 3. 9.)

미친 놈의 잠꼬대

이 문학 전집에 나 유정柳呈도 끼이게 되었다니, 나 개인으로서 영광되기 그지없는 일이겠으나, 전집의 꼴이 무엇이 되겠느냐 적이 걱정된다.

듣자하니 전 십팔 권이란 전질全帙 중에 시집은 단 한 권이라고. 한 권이나마 시집을 끼워 준 게 고맙지 뭔가? 출판업자나 편집위원님네들이 시라는 걸 잊어버리거나 했더면 어쩌나, 그런 부질없는 걱정도 들었다는 말이다.

그 단 한 권 밖에 없는 시집에 그래도 물경! 현대시인 50여 명을 수록해 주신다 하고, 그 50여 명 속에 이 사람도 끼워주신다 하니 고맙지 않을 수 없다는 말이다.

생각해 보면, 출판업자만 비꼴 수도 없는 노릇. 팔리지 않는 '현대시'라는 걸 돈 먹여 수고해 가면서 제품製品할 바보가 어디 있냐 말이다.

'현대시'를 사는 독자는 모래밭에 떨어진 금싸리기만큼이나 거의 없는 것 같다. 시 쓴다는 나 자신도 통 읽을 흥미를 느끼지 못한다.

재미가 없기 때문이다. 예전 시들을 읽으면 제대로 감흥과 희열마저 느끼는데, 한국의 '현대시'란 것에선 아무것도(그렇다, 아무것도) 느낄 수 없는 것이다.

미친 놈의 잠꼬대들을 이제 그만하고, 재미를 느낄 수 있는 시, 독자를 좀더 끌어들일 수 있는 시를 쓰도록 해야 하지 않겠는가?

걸레 같은 시밖에 쓸 줄 모르는 주제에, 그것도 붓을 던진 지 오랜 주제에 무슨 큰소리냐고 반문한다면 더 할 말이 없다만, 그 걸레 같은 내 시도 포함시켜서 한소리이니, 여러분 용서하시기를……

그건 그렇고. 그런대로 내 시도 후기後期 것보다는 초기初期의 것이 약간은 나은 것 같다. 그래 여기에는 십칠팔 세 소년기에 쓴 것들을 허두에 진열해서 보여 드리기로 했다.

초기의 그것들 중에는, 외우畏友 김종길金宗吉 형이며 정한모鄭漢模 형이 일본말 원시原詩대로 아직도 되어 주는 것도 있기에, 그러한 데서 이 유치한 작품들을 여러분 앞에 감히 내놓는 배짱이 서기도 한 것이다. 미안.

『52인시집』(신구문화사, 1968. 5.)

대화對話

어떻습니까? 시 쓰실 때에 귀하는 그 어떤 「즐거움」 같은 걸 느끼십니까?

'즐거움'이라? 즐거움이라느니보다 무슨 '재미' 같은 건 느끼니까 쓰는 게 아니겠어요? 헌데 차츰 시작詩作에 대해서 '즐거움'이나 '재미'보다도 '싫증'이랄까 '염증'이랄까 그런 걸 느끼게 되는군요.

그건 웬일일까요? 창작을 하시는 분들이 흔히 떨어지기 쉽다는 그 회의 때문인가요?

그것도 아닌상 싶어요. 나의 경우엔 그런 것보다도 내가 쓰고 싶은 걸 쓰고 싶은대로 쓰지 못하는 데에 그 까닭이 있는가 봅니다.

쓰고 싶은대로 쓰지 못하신다니…… 우리 사회의 외적外的 상황이 시인으로 하여금 어떤 제약을 느끼게 한다는 그 말입니까? 아니면 언어를 수단으로 하는 시예술에 있어서 언어에 대한 불신不信, 또는 자신自信의 결핍 그런 것을 말하는 것인가요?

나는 언어에 대해서 불신을 하거나 하지 않는 편입니다. 벽돌처럼 단순하고 명확한 언어, 그것들을 곳간 속에서 날라다가 차곡 차곡 쌓아놓기만 하면 그만입니다. 문제는 그 벽돌을 갖고 피서나 피한을 위한 별장別莊 같은 걸 지으려고 했는데 불구하고, 지어놓고 보면 그것은 애초의 의도와는 달리 피난민을 위한 구호주택같은 게 되고 말더란 말씀이지요.

말하자면 귀하는 어떤 순수한 시적詩的 세계를 구축하려 하지만 현실의 상황속에선 그것이 어느 틈엔가 비뚤어지고 만다 그 말씀이군요? 그렇다면 시인의 창작세계란 신성불가침의 경지일 텐데, 어디서 그러한 갭이 생겨날까요? 그 점을 좀더 자세히…… 작품을 들어가지고 얘기해 주십시오.

예를 들어 나의 「異邦人」이란 시를 놓고 말하지요. 애초에 내가 이 시에서 형상화하고자 한 것은……

> 暗鬱한 氣流…… 높이 벽돌을 쌓아올리는 무리들과…… 黃土의 먼지 바람에 야윈 肋骨을 불리우는 무리들…… 구름에 끼룩 우는 候鳥…… 꾸룩 蛔ㅅ배 울리는 孤兒…… 娼女의 乳房 위에 얼굴을 묻은 靑年…… 눈오는 故鄕山 꿈……

이러한 점경點景들이었지요. 이러한 점경들을 하나의 캔바스 위에 색칠해 놓음으로써 어떤 시적詩的 몽환夢幻의 세계를 이루어 보자는 것이었지요. 그러던 것이 그 당시의 사회상황이 그 어떤 감정과 관념을 작자에게 강박함으로써 '지나치게 윤리를 추구'하려 했다는 평(朴斗鎭氏 評)을 듣도록까지 현실적인 것으로 만들어

놓게된 것이지요. 이렇게 외부의 불순물 때문에 나의 의도가 도중에서 변질되고 마는 것이 싫다는 말입니다. 여태까지의 나의 시들은 거의가 이러한 변질을 모면할 수 없었지요. 『傷感詩篇』이란 시집 제명은 내딴엔 이런 점을 생각하고 붙여본 것입니다.

그렇다면 귀하는 현대시의 통념을 부정하는 것이 되는군요. 현대시는 사회현실의 반영이자 곧 그 비평이어야 한다는……

현대시가 사회의 반영이자 비평이어야한다는 그 말은 물론 지당합니다. 허지만 그 말은 좀 성급한 해석이 아닐까 합니다. 사회현실을 거울처럼 반영하고 즉각으로 비평의 소리를 내기를 요구하는 독자라면 그는 차라리 시를 제쳐놓고 여타의 산문이나 읽는 것이 좋을 것입니다. 요즈음의 일부 평론가가 범하는 단견短見의 원인도 이 점에 있는 것 같습니다. 시의 사회성이라든지 비평성이라든지 나아가서는 사상성이라든지 하는 것은 어디까지나 시적詩的인 방식과 발상發想에서 우러나는 것이지, 여타의 장르에서 요구할 수 있는 것이라면 그것으로 벌써 시의 존재 이유는 상실되고 마는 게 아니겠어요?

아까 귀하도 말씀하였지만 귀하의 시는 용어도 퍽 단순하고 의미도 평이하여 곧 해독할 수 있다는 평인데, 제가 알기엔 현대시란 좀 난해한 데에 재미가 있는 것이 아닐까요?

하하하. 그렇게 생각하는 이가 많군요. 허지만 같은 값이면 쉽고 똑똑한 말을 쓰는게 좋지 않을까요. 시인의 사고思考 내용이

뚜렷하고 '이미지'가 선명할 때에 그 용어와 표현이 애매하고 난삽할 필요가 어디 있어요? 모르면 몰라도 시상詩想이 불투명하고 말할 게 없을 때 미어迷語·기어綺語들을 나열하고서 현대시를 가장假裝하려는 게 나의 둔갑술이랍니다.

최근 우리 시단에서 보고 느끼신 것을 이야기해 주십시오.

최근은 아닙니다만, 연전에 어느 월례시합평회月例詩合評會에서 느낀 이야기를 하나—. 마침 합평의 대상에 오른 시 중의 한 편이 내가 편집에 관계하는 잡지에 실린 것이었는데 교정자校正子가 교정을 잘못 봤다 해서 작자가 노발대발하지 않았겠읍니까? 교정 잘못도 이만저만이 아니어서 시작품으로선 큰 흠이 되지 않을 수 없는 것이었죠. 연聯이 끊기지 않는 데서, 즉 행문行文의 중간에서 일행一行을 뛰어넘게 하여 딴 연으로 만들어놓았던 것입니다. 무슨 착오에서였든지 그것도 자그만치 세 군데에서 그런 잘못이 저질러졌더란 말입니다. 그런데 가관이었던 것은 어떤 비평가가 먼저 일어나서 한다는 말이 "이렇게 싯귀詩句의 주부主部와 술부述部를 둘로 갈라서 전후연前後聯으로 배치한 것은 이 장시長詩의 경우 참으로 대담하고 효과적인 수법이었다"고 격찬하는 것이 아니겠습니까. 그리고 더욱 가관이었던 것은 교정이 잘못됐다고 펄펄 뛰던 그 시인 자신이(어쩌나 돌아다 보았더니) 적이 만족하신 표정으로 쓰윽 수염을 쓰다듬고(사실은 수염은 없었음) 앉아 계시지 않겠읍니까. 예, 아무 말 없더냐구요? 그럼요. 글쎄 끝까지 아무말 없더라니까요. 나는 속으로 무릎을 탁쳤지요, 이것이 이른바 '현대시'요, 이른바 '비평'이라고!

끝으로 우리 시에 대한 앞으로의 요망을 말씀해 주십시오.

시가 오늘날처럼 독서층에서 경원을 받고 있다는 사실은, 시인 자신들이 깊이 생각해 보아야 할 문제입니다. 시인 지망 청소년의 애완물에서 떠나 좀더 대중에게 읽히는 예술이 되도록—그런 시를 모색하는 태도도 있어야 할 것입니다.

『한국전후문제시집』(신구문화사, 1964.)

광기의 시절을 넘어서

—90년대 한국문학 어디로 가야하는가

필을 놓은 지 30년이 넘는 필자이지만 그간 줄곧 시문학에 대한 애정을 기울이는 한편, 강단에서 일본시문학을 담당해 온 터라 문학적 측면에서 한국현대시 전망을 논의하는 것도 의미 있는 일이 아닐까 생각한다.

시 읽기를 좋아하면서도, 요즘 와서 시읽기가 두려워졌다는 게 솔직한 심정이다. 그만큼 시란 엄숙한 것이다.

> ……이 치떨리는 착취체계를 끝장내기 위하여/노동해방의 꽃무리 물결치기 위하여/피어린 투쟁으로 죽음을 불사하며/내 무덤을 쿵쿵 파고/또 파 들어갈 것이다/내 눈에 흙이 들어가는 순간까지/내 눈에 승리의 눈물 흐르는 그날까지

이것은 이른바 '노동시'의 대표적 작품의 한 부분이다.

이런 어휘의 나열을 두고, 이걸 문학작품이라고 할 수 있겠는가. 여기엔 무슨 이데올로기에 '사로잡히기 위해 사로잡힌' 광기어린 구호와 그 절규가 있을 뿐이다. 구구절절이 오싹 소름 끼치는 추상적 어휘로 메워져 있는데, 어째서 그래야하는지의 구체적 묘사가 전혀 없다. 이런 건 권력욕에 눈먼 어느 정치당파의 도식적 구호이지, 그들의 이른바 '사회주의 리얼리즘'의 교조 조차 찾

아 볼 수가 없는 것이다.

우리는 시를 읽으려고 할 때, 시에서 그 어떤 재미를 얻으려고 한다. 어떤 재미가 있으면 거기서 어떤 위안을 얻게 되며, 나아가서 어떤 용기를 갖게 된다. 용기까지 주는 시란 그리 흔하지 않다. 용기까지 주어야 할 임무는 시에겐 본래 없다. 그러나 이 시대는 그런 임무까지를 시에게 요구한다. 시대가 하도 험난하기 때문이다.

뒤 싯귀에 있었던 것 같은데/누구였는지 생각나지 않는다/노동자였나/아니면 연극의 대사였던가/하지만, 제 손으로 제 어깨를 두드리는 것 같은/한마디 이 말이 나는 좋다.

—「맥심, 어때,/푸른 하늘을 보지 않으련?」

옛날에, 난 갖고 있었지/꾀죄죄한 레인코트와, 꿈을./내 좋아한 소녀는 죽고,/난 직장에서 파면 당했지./파면 당하고 공원 벤취에서 도시락을 먹었지/난 유치장엘 들어갔지./들어가자 철망 앞에서 실컷 두들겨 맞았지. 어느날, 난 강가에서/나 스스로 날 고무했지.

—「맥심, 어때,/푸른 하늘을 보지 않으련?」

느림보 시간의 일격을 맞고,/이제 와선 무엇이나 말할 수 있지./하지만, 파면도, 유치장도, 죽은 소녀도,/모두 모두가 진실이었어,/젊은 시절의 일들은 모두가 진실이었어,/꾀죄죄한 레인코트로 감쌌던/꿈도, 미래도……

말해 보게나,/만약에/젊은 자네가 고생스럽다면,/무슨 좌절로/자신이 불쌍해진다면,/그럴 땐 조금은 가슴을 펴고,/옛날의 나처럼 말해 보게나.

—「맥심, 어때,/푸른 하늘을 보지 않으련?」

이것은 일본시인 스가와라 가츠미의 시 「맥심」의 번역인데, 이 30행의 시편에서 무슨 이데올로기 같은 냄새를 맡을 수 있는가.

여기에는 한 인간의 진실이 살아서 숨쉬고 있을 뿐, 그밖의 아무런 교조적인 말투도 풍기지 않고 있다. 그러기에 독자에게 어떤 감동을 주는 것이다.

스가와라는 2차대전 패전 전에는 비합법 공산당원이었던, 오랫동안 시를 써온 시인이다.

현대일본 시단에는 '노동시'라는 문학용어가 없다. 그 대신 그들은 '근로시勤勞詩'라는 용어를 사용한다. 패전 직후에 결성된 '신일본문학회新日本文學會'는 옛 프롤레타리아 문학인을 중심으로 구성된 단체인데, 그들이 내세운 '근로시 운동'은 각 직장, 각 학교의 써클운동으로 오늘날까지 지속되고 있다. 시문학을 통한 근로자의 의식을 각성시키는 데에 그쳐 있으며, 그 이상의 일은 할 수 없다고 판단한 것이다.

고개의 오월/마로니에에 꽃필 무렵/그 누구나 영원으로 돌아가기 위해/달도 안 기다리고 떠나는가/……/이 마로니에꽃도/들녘 구름을 물들이는/붉은 산사나무꽃도/이 길손의 모자를 얼룽지었다/라일락도/이젠 보이지 않는다/다들 가버렸다/인간이 꾸는 꿈도 끝나버렸다/해시계는 나무닢에 덮인 해를 말하지 않으며/물은 흐름을 그치고 슬퍼하네/牧人아 이젠 더 춤추지 말라!/……/하지만 지구엔 가을이 오면 다시/길섶에 만다라가 핀다/法隆寺로 가는 길에 봄이 오면/자운영, 천인당초, 제비꽃이 피는데/아 長江의 旅宿도/구마노 바다에 뿜는 고래의 물보라도/「꽁치의 노래」도 「짜라투스트라」도/모든 추억은 사라져버렸다/이제는 시간이 없는 곳에서/저 보석 같은 안경에 비치는/저 淨土의 흐림을 닦고 있다/「어째 잘 보이지 않는군」/가키오 산들이 멀리에/석양에 소나기할 무렵/마음은 헤매어 다니네

위에 인용한 시는 일본시인 니시와키 쥰사부로(1894~1982)의 만년의 한 시편이다. 니시와키는 현대일본 시단에서 가장 존경을 받으며 많이 애독되고 있는 시인의 한 사람이다. 이른바 학식시인學殖詩人이면서 시 애호자들의 애독을 받고 있다는 것은, 일본 시 독자들의 수준의 높이를 말해주는 것이기도 하다.

영국에 유학하여 희랍 고전문학을 연구했으며, 영문 처녀시집을 내기도 했고, 귀국해서 모교 게이오대학에서 영문학 강의를 한 학자이면서 유럽의 쉬르레알리즘을 받아들여 독자적인 시론으로 '현玄'의 시론을 내세워 88세로 별세하기까지 20권이 넘는 시집을 낸 실로 '희유의 시인'이었던 것이다.

그의 시세계는 "인간은 고적孤寂하다, 그러므로 존재한다"는 패러디로 시종일관하는 것으로 요약할 수 있지만, 그 표현방식은 한마디로 말할 수 없는 복잡다기한 양상으로 나타난다. 그렇기에 그의 시작품에선 고도한 시적 감흥을 얻을 수 있으며, 지성의 빛나는 교감을 향수할 수도 있는 것이다.

시적 감수성이 예민한 일본의 시애호가들이 그들 나름의 많은

고난을 겪은 끝에 이 시인을 애호하는 이유가 무엇인가를 살펴보는 것도, 우리 한국의 시 애호가들의 큰 관심이 되어 마땅하리라 생각된다.

이제 우리는 광기의 시절. 너무나 많은 광기의 시절을 거치지 않았는가. 이제는 조금은 차분하게 가라앉아서 슬기로운 우리의 앞날을 몸으로 느끼고 즐기며 감동을 가지고 바라보아야 하지 않을까. 시는 그러한 의미에서 비로소 우리에게 보람을 주는 것이다.

"시는 지성의 축제이다" 이렇게 말한 사람은 누구였던가. 그 시의 축제를 우리 한국인들은 이제 함께 즐기게 되어야 하지 않을까.

《문학사상》(1989.)

호한고독好漢孤獨 김종한金鍾漢

시인 김종한金鍾漢의 이름을 기억하는 사람도 이젠 얼마 없을 것 같다. 그 재기 발랄하고 독특한 시풍詩風은 좀더 주목받았어도 좋을 것 같다.

《문장文章》지 추천으로 나온 시인들— 박남수朴南秀, 박두진朴斗鎭, 조지훈趙芝薰, 박목월朴木月 제씨가 다 각기 개성을 지닌 작품으로 데뷔했었지만, 그중 처음부터 거의 완성된 스타일과 시론詩論을 가지고 스타트한 것은 김종한이 아닌가 한다.

그의 시와 시론은 단순 명쾌하면서도 재치와 위트가 넘쳤으며 젊음의 패기를 곁들여 읽는 이로 하여금 일종의 상량감爽凉感마저 느끼게 하였었다.

전기 제시인諸詩人들이 그후 꾸준한 활동을 계속하여 오늘날 우리 시단詩壇의 중요한 위치들을 차지하고 있는 것을 볼 때, 김종한의 요절은 더욱 애석한 감을 금치 못하게 하는 것이다. 좀더 살아서 더 많은 작품활동을 했더라면, 틀림 없이 우리 시단에 하나의 방향을 제시했을 것이라 믿는다. 이것은 뭐 그가 나의 동향同鄕 선배라서, 또 작고한 사람이라서 턱없이 추켜 세우려는 것이 아니다. 지금이라도 그 당시 발표되던 우리 시와 그의 시를 비교해 본다면 누구나 수긍하지 않을 수 없을 것이다.

고향 이야기가 났으니 말이지만, 내 고향 경성鏡城은 군청 소재지의 소읍으로 가위 관북關北의 시인 특산지였다. 멀리 「국경國境의 밤」의 파인巴人은 잠깐 두더라도 함형수咸亨洙, 함윤수咸允洙, 이용악李庸岳, 김진세金軫世, 오화룡吳化龍, 김경린金璟麟 등 여러 선배에 현재 남한에서 활약하고 있는 동년배만 합치더라도 실히 십지十指를 꼽게 된다.

이중에서 함형수·김종한의 두 선배가 바로 8.15해방의 해를 전후하여 작고하고 말았는데, 내가 친근감을 가졌었고, 영향을 받기도한 두 시인의 죽음은 친형親兄을 여윈 아우의 심정과도 같은 쓸쓸함을 나에게 남겨 주었었다.

내가 처음 김종한이란 이름을 알게 된 것은 이용악을 통해서였다. 경성고보鏡城高普 2학년생(3학년?)이던 내가 이웃인 용악의 집으로 놀러갔을 때, 막 동경에서 돌아온 용악의 손에 잉크냄새도 새로운 시집이 몇 권 들려 있었다. 그 속에 함형수형의 처녀시집 『隱花植物誌』가 있었는데, 은박으로 박은 그 제자題字의 휘호자가 바로 김종한이었던 것이다. 철필체鐵筆體의 가늘고 꼬불꼬불한 자기류의 달필이었다. 내가 그 제자를 한참 들여다 보고 있노라니까 용악이 "하이칼라 시인이지, 그 친구는……" 종한을 가리켜 그렇게 하던 말이 아직도 기억에 남아있다.

1939년 가을, 동경의 일인시인 호리구치 다이가쿠〔掘口大學〕씨 집에 가 있던 나에게 한 통의 편지가 날아들었다. 대번에 『隱花植物誌』 제자에서 본 필체, 김종한의 글씨임을 알 수 있었다.

"좀체로 남의 시에 놀라지 않는 나지만, 당신의 시를 읽고 전도

前途가 매우 유망하다고 보았소. 이용악李庸岳에게서 당신의 이야기를 들었는데, 더욱 분발하도록 부탁하오"라는 간단한 문면文面이었는데, 아직 인사도 없는 처지에 선배연先輩然한 어조를 풍기는 데에 약간 반발을 느끼기도 했었다.

편지 왕래가 몇 번 있은 후 그해 겨울, 용악의 하숙에서 처음 만나본 그의 인상은 내가 예상한 바와 대체로 어긋남이 없었다.

중키에다가 약간 살이 찌고 퍽 건강해 보였다. 그 당시 문사들의 유행이던 로이드안경 속에 부리부리한 눈이 미소를 품고, 하프코트를 걸친 넓죽한 어깨가 매우 인상적이었다.

셋이서 근처 비어홀에서 잔을 기울이며 본국문단本國文壇에 관한 이야기, 문우들에 관한 이야기를 교환하였다.

나는 일어시日語詩를 쓰고 있던 때라 국내 시단에는 백지여서 그 점 내심 부끄럽기도 하고 해서 두 선배가 하는 이야기만 잠자코 앉아 듣고 있었다.

두 사람이 다 패기만만하여 서로 조금도 양보를 하지 않았다. 무슨 이야기였던지 자세히 기억하지는 못하나, 아뭏든 한국시인이 시골뜨기를 면치 못했다는 것, 동경 유학 시인들도 보잘 것이 없다는 것. 그러한 이야기 끝에 김종한은 아무래도 활력을 불어넣자면 동인지同人誌를 내야 하지 않겠느냐 하는 결론을 내렸다.

"유도 조선말 시를 써야 하지. 시인이 모국어를 모른대서야 말이 되나?"

말 끝에 김종한은 나 더러 이렇게 말하고, 그러나 자기도 일어

시를 쓴다면 동경시단東京文壇을 놀라 자빠지게 할만한 자신이 있노라 하였다.

일본시인으로는 사또오 하루오〔佐藤春夫〕가 가장 시의 진수를 알고 있는 사람인데 사또오씨는 거의 사무사思無邪의 경지에 이르렀다고 보는데 어떠냐고 침이 마르도록 찬양하는 것이었다.

훗날 그를 따라 사또오씨를 방문하였을 때 종한은 "선생님"이라고 사또오씨를 충심으로 존경하는 태도였고, 사또오씨 역시 종한을 경애하는 말투였다.

그때 종한은 몇 편의 일어역 자작시를 사또오씨에게 보였다. 그의 유창한 일어 회화는 나도 알고 있었지만, 그가 그토록 일문日文에도 능란한 데는 감탄하지 않을 수 없었다. 한국에는 숫자로는 많지 못하나 일본의 『만엽집萬葉集』이나 『고금화가집古今和歌集』에 못지 않은 고요古謠가 있는데, 나는 그 일어역을 계획중이노라 그렇게 종한이 말하자, 사또오씨는 적지 않은 관심을 보이고 되는대로 꼭 좀 보여달라고 하였다.

종한의 처녀시집이 『母親頌』이라는 일어시집이었다는 것은, 결코 그의 자랑은 되지 못할 것이겠으나, 그의 재능의 다양성과 발랄성을 말해주는 것이라 하겠다. 이 점은 그의 장점인 동시에 단점이기도 해서 동시대 문인들의 시기와 비난을 적지 아니 받았던 모양이다.

그러나 재기와 패기에 넘친 젊은 시인으로서 넓은 무대와 화려한 박수를 꿈꾼다하더라도 그것은 조금도 잘못이 아닐 것이다. 시대와 환경이 그것을 용서하지 못할 때, 그의 꿈은 옆길로 돌파구를 찾을 것이요 일그러진 자학自虐의 구렁에 빠지는 수 밖에 없을 것이다. 종한의 만년의 짧은 나날이 번민과 우수 속에 몸부림치지 않을 수 없었던 것은 당연한 일이지만, 그 재능이 그대로 묻히기에는 너무나 안타까운 현실이었던 것이다.

해방되던 전 해 겨울, 종한은 서울의 객사客舍에서 병사病死했다. 나는 학병學兵과 징용 바람에 쫓기어 시골 구석을 전전하던 때라, 한달 늦게서야 그 부음에 접했다. 급성폐렴이라 했다. 한번 차도가 있었다가 무절제로써 스스로의 목숨을 짧게 한 것이라 했다.

종한은 그 표일漂逸한 시풍詩風과는 달리 풍모에는 어딘지 중후한 데가 있었다, 그러면서도 그 시나 행동은 간명직재簡明直裁한 것이 특징이었다. 그래서 여자를 다루는 일에도 완곡, 우회의 스무즈한 수법을 쓸 줄을 몰랐다.

그가 동향의 여류 C작가를 보자 대번에 눈에 들었던 것은 좋으나, 본인한테는 이렇다 할 자상한 교섭이 없이 대뜸 그네의 모친에게로 가서 "장모님, 제가 이번에 사위로 들어온 김종한이올시다"해서 주위에 한바탕 소란을 일으킨 일은 그의 천의무봉天衣無縫한 수법의 일단이거니와 그의 시 못지 않은 명쾌성明快性을 여기에서 보고 나는 미소를 금치 못했다.

동경 시절에 내가 그를 소개한 일인들의 시회詩會에서 나도 은근히 모션을 보고 있었던 '유하有賀'라는 문학소녀를 초면 인사가 있은지 불과 두 주 뒤에 스틱·걸로서 옆에 끼고 거리를 활보하며 득의만만하던 것을 생각하면 괘씸하다느니 보다도 오히려 사랑스러운 감이 드니 이상한 일이다.

그러던 그가 빈사瀕死의 병상에서 간호하는 여성을 거의 강제로 범하여 스스로의 생명을 불살라 버렸다는 것은 예민한 시인의 촉각이 시대의 혼란을 척도하기에 지쳐 그만 파멸하고 만 것이라 해석할 수 밖에 없다.

그로부터 한 반년, 일본 나가사키〔長崎〕에는 원자폭탄이 터지고 광란의 시대는 막을 거두었다. 그리고 그 광란의 시절에 이 반도半島에 잘못 피어났던 한떨기 이색의 기화綺花도 초연硝煙과 함께 그 향훈을 거두고 말았다.

그가 생전에 무심코 나에게 남겨준 「善夫孤獨」이란 자신 휘호의 족자도 6.25와 함께 나의 곁에서 영원히 날아가고 말았다. 그러나 그의 육신은 날아갔으나 그의 시는 남아서 오늘도 나의 메마른 마음을 달래어준다.

地圖의 靜脈처럼 電線은
하이얀 山脈을 기어 넘어 가오

첫눈을 밟고 와야 할 配達夫
오지 않아 그런 줄 없이 기달려지는데

銃소리에 놀라 깬 마을이
돌아누워 다시 冬眠하오

故鄕은 아니었소…… 그것은

茶房 壁에 걸린 風景畵였소
마을은 영원히 冬眠하는데
配達夫는 영원히 오지 않는데

빼어나 빛나는 하이얀 山脈을
電線은 영원히 기어 넘어 가오
—「連峰霽雲」
《현대문학》(1963년 2월호)

암울한 시대를 비춘 외로운 시혼詩魂

—향토의 시인 이용악의 초상

세상 참 바뀌기도 바뀌었구나 싶다. '이 풍진 세상'이란 느낌도 든다. 내가 이제 이용악 이야기를 하게 되다니! 내 생전에 그를 다시 만나긴새려, 아무도 그의 이야기를 다시는 꺼낼 수 없을 것만 같았는데…….

그러나 이젠 말해야겠다. 그에 대한 이야기는 누군가 해야 하며, 나는 나름대로 알고 있는 이야기가 있으니 말이다.

근자에 윤영천尹永川 교수는 『한국 유민시流民壽 선집』 1,2권을 엮어내고, 저서 『한국의 유민시』와 「이용악론:민족시의 전진과 좌절」을 발표하면서, 동란·분단 이후 처음으로 이 시인에 대한 연구와 평가를 본격화했다. 특히 역작 논문 「이용악론」에서 윤교수는 무엇이 진정한 '민족시'이며, 이용악의 문학사적 존재의미가 무엇인가를 깐깐하고도 탄탄한 문체로 간곡하게 설파했다.

윤교수의 이 「이용악론」을 재독 삼독 음미하면서, 나는 오랜만에 문학에 대한 신뢰와 용악시에 대한 애착을 회복하였다. 게으르고 무기력한 이 필자로 하여금 무딘 펜이나마 들어보게 한 것은, 오직 윤교수의 이상 역저들이 준 감명과 그의 은근한 독려가 저지른 짓이다.

하나 막상 펜을 들고보니, 무척 불안하고 조심스럽다. 행여 시인의 인간과 문학에 대한 부정확한 언설로 하여, 시인에게 본의 아닌 누라도 끼치지 않을는지? 아니 그보다도, 현재 저쪽에 생존해 있을지도 모를 그의 안위安危에, 행여 추호의 영향이나마 미침이 없기를!

1. 「북쪽」 시인과의 만남

시인 이용악— 그를 내가 처음 알게 된 것은, 그 '사람'보다 먼저 그 시편을 만남으로써였다.

고보高普 2학년생인 문학소년이었던 나는, 다음과 같은 6행짜리 시를 읽고, 그만 넋을 잃고 말았다. 꼭 이물질異物質을 삼킨 것만 같은 충격이었다.

> 북쪽은 고향/그 북쪽은 여인이 팔려간 나라/머언 산맥에 바람이 얼어붙을 때/다시 풀릴 때/시름 많은 북쪽 하늘에/마음은 눈감을 줄 모르다

제목은 「북쪽」이고, 그 시편은 『분수령分水嶺』이라는 시집의 허두에 실려 있었다. 사륙판의 얄팍한 시집이었다.

다시 읽고 또 다시 읽어보면서, 가슴속은 야릇한 흥분으로 물결치듯 했다. 한 20편 되는 시집을 단숨에 읽고선, 시인의 아우인 용해庸海한테서 그 시집을 빌어가지고 돌아왔다.

시 「북쪽」은 나에겐 분명 '이물질'이었다. 그때까지 내가 알고 있던 '고향'을 그린 시편들과는 다른 그 무엇이 있었다. 그 무엇이 무엇인지는 당시의 나로선 미처 해명해낼 재간이 없었다.

가령, 그때까지 내가 알고 있던 예이츠의 "난 인제 일어나 가리라, 이니스프리로"라든지, 일본시인 무로우〔室生〕의 "고향은 먼 곳에서 그려보는 것"이라든지, 우리 시인 지용의 "고향에 고향에 돌아와도/그리던 고향은 아니러뇨"라든지에 비해 용악의 「북쪽」은 분명 다른 그 무엇을 호소하고 있다.

위의 시인들의 시편들은 어디까지나 순수한 개인의 서정을 꾀한 목가적牧歌的인 서정시이다. 그에 비해 용악의 「북쪽」은 개인의 서정을 떠나 사회적인 관심을 치열하게 내포한 시작품인 것이다.

이 시의 "여인이 팔려간 나라"는 종래의 서정시에선 보기 드문 사회적 현상에의 관심이요, "시름 많은 북쪽 하늘에……"는 단순한 '향수鄕愁'의 영역을 벗어난 것이다. 서정성을 지니면서 그 서정 속에 사회의식을 강렬하게 반영했다는 데서, 이 시편은 용악의 초기의 대표작이자 이후의 그의 시의 방향을 점치는 지표가 되었다고 할 수 있겠다.

얼마 후, 그해 여름이던가 그 사람 이용악을 처음 만났는데, 약간 실망하지 않을 수 없었다. 예상했던 젊고 우수憂愁를 띤 낭만적인 풍모가 아니었으니 말이다. 그러니까 그때 그는 23세의 청년, 나는 15세의 소년이었다.

그의 아우 용해가 "애두 문학 지망생이라오"하고 나를 소개하자, 그는 아무 말 없이 웃음을 띠고 내 손을 잡아주었다. 흰 이를 반쯤 드러내고, 소리없이 웃는 웃음, 누구한테나 보여주는 히히 웃는 듯한 그 표정은 그가 늘 그러는 버릇이었다.

당시 문인들간의 유행이던 장발(올빽이라 했다)에, 역시 유행이던 굵직한 테의 안경(로이드안경이라 했다)을 썼으나, 머리칼은 푸석푸석한 게 기름기가 없고, 안경알도 뿌연 게 돗수가 꽤 있는 것 같았다.

누른 기를 띤 피곤한 듯한 안색, 어딘가 자기적自棄的인 느릿한 동작……

그때는 분명 여름방학 때였는데, 검정색 겨울 교복을 걸치고 있었다. 교모는 감추듯 벗어들고 있었다. 귀향할 때와 동경 갈 때만 교복을 착용하고, 그밖엔 대개 색바랜 갈색 골덴 상하를 걸치고 다녔다.

말수가 적었다. 거의 말이 없었다. 물론 애송이 문학소년에게 무슨 관심이 있었을까만, 나한테만 그러는 게 아니고, 가족한테도 친구들한테도 그러는 것 같았다. 그러면서도 친구들과 어울려 술이 들어가면 차츰 활기를 띠고 말이 많아지곤 했다.

키는 165센티 가량, 당시로선 작은 키가 아니고, 몸매는 약간 여윈 편, 통 모양낼 줄 몰랐다. 생겨먹은 대로 아무렇게나 움직거리면 그만이 아니냐 하는 투였다.

그러나 그게 결코 투박스럽다거나 촌스럽다거나 그런 건 아니었다. 어떻게 보면 되려 소탈해 보이기도 했다. 상대방을 편안하게 해주는 히히 웃는 듯한 표정— 그런 것이 따스한 친애감을 풍겨주기조차 했다.

그해에 아마 중등학교에서 '조선어' 과목이 폐지되고, '고등보통학교' 명칭도 중학교로 바뀌었던 것 같다. 나는 일문 습작들을 일본의 문예잡지와 지방신문에 부지런히 투고하고 있었다. 심심찮게 입선도 하곤 했다.

그런 눈치를 챈 용악은 크게 나무라지 않으면서도, "유도 조선말공부 좀 해야지" 몇 번 그렇게 타이르듯 했다.

여름방학과 겨울방학엔 동경에서 서울을 거쳐 꼭꼭 귀향을 하고, 그밖에도 한두 번 귀향을 했는데, 올 때는 왔다고 알려주지만 떠날 때는 소식없이 떠나고, 엽서 한 장 보내주는 법이 없었다.

2. 시인의 향토 경성읍

이용악은 1914년, 함북 경성읍鏡城邑에서 태어났다. 향토와 환경이 문학자에게 큰 관계를 가진다고 한다면, 용악에게 있어서 경성은 운명적인 고장이었다고 할 수 있다.

경성을 찾은 적이 있는 사람들은 흔히들 남도의 청주시를 연상한다고 했는데, 그 말이 맞는 것 같다. 좀더 자세히 설명하기 위해 당시의 어느 풍토지를 참고하면서 필자의 보충을 덧붙이면 '경성'이란 다음과 같은 고장이었다.

> 경성군청 소재지이며, 북으로 나남(羅南) 4킬로, 남으로 주을(朱乙) 4킬로. 시가지의 남쪽 작은 평야를 냇물이 흐르고, 서남·서북에 나직한 산과 아득한 서쪽에 해발 2천5백 미터의 관모연령(冠帽連嶺)이 사철 백설로 빛나고, 동으로 2킬로에 푸른 동해가 웅얼거린다.
>
> 시가지를 둘러싸고 옛날(1436년, 세종 8년) 함경도 2백 진(鎭)을 통수한 병마절도사를 두었던 성곽 곧 치성성지(雉城城趾)가 있고, 여

진(女眞)을 몰아낸(1107) 윤관(尹瓘) 장군을 기리는 원수대(元帥臺), 공자묘(孔子廟), 관해사(觀海寺) 등 명승고적이 산재. 인구 약 2만5천. 시가지는 성내(城內)·남문밖·서문거리의 3구로 형성. 성내는 특색 있는 기와집들의 구시가로, 군청·읍사무소 등 관청, 초중등학교와 예배당·청년회관 등 교육·문화시설이 있고 남문밖은 상업구로 항시 활기찬 시장이 섬(이 상업구를 벗어난 남쪽 끝에 용악·유정의 집이 있었다.). 성밖 서북 변두리에 서울과 두만강변을 잇는 함경선의 경성역이 있고……

—(남조선과도정부 발행 「통계연감」, 1943. 12 조사)

좀 장황한 설명이었지만, 용악의 소·청년 시절의 성장 환경 이해에 도움이 될 줄 안다. 사실, 그의 시작품에는 도처에서 이 향토의 풍경·정경이 점철되어 있다. 특히 그의 초기 작품에서 그렇다.

이러한 자연환경에 못지않게 이 시인에게 영향을 준 것이, 이 지방 출신 선배와 동년배 문인들이 아닌가 한다. 기이하다면 기이한 것은 이들 중에는 산문가(소설·평론 등)는 거의 없고, 거개가 시인이고 그 지망생들이라는 점이다. 무슨 이 지방 기질의 특색이 아닐지 모른다.

그 중 파인巴人 김동환金東煥은 경성읍 출신의 대선배 시인으로, 이미 1924년 한국 신시단 최초의 장편 서사시 『국경의 밤』을 들고 혜성과 같이 등장하여 문단과 청소년층에 커다란 충격을 안겨주었음은 우리 신문학사에서 익히 알려진 사실이다.

이 동향 선배시인의 문제 시집이 소년 용악에게 던져준 영향은

어지간히 컸던 것 같다. 뒤에 용악 자신이 파인의 시를 읽었을 때의 감동을 이야기하던 열띤 표정이 지금도 필자에겐 생생히 살아난다.

3. 기유문인寄留文人과 문학청년들

시인이 아닌 점이 어쩌면 이색적이기도 했던 강원도 출신의 작가 이효석李孝石이 경성읍으로 낙향하여 몇해 동안 지낸 일이 있는데, '동반작가'로서 중앙문단에 쟁쟁하던 효석의 존재는, 지방 문학청년들의 외경과 동경의 대상이 되어 마땅했을 것이다.

이름 난 '경읍미녀鏡邑美女'에게 이미 장가들어 있던 효석은, 그런 연고지이기도 한 이곳의 아늑한 경개가 퍽도 마음에 들어서 한때는 정착할 것도 생각했던 듯, 경성농업학교(5년제) 영어교사로 재직하는 한편, 차분하고도 참신한 문체의 역작들, 「돈豚」「성수부聖樹賦」「산」「메밀꽃 필 무렵」 등등을 완성 발표하여, 중앙문단에 명성을 떨치기에 이른다.

청년들 중에 허이복許利福이라는 지방시인이 있었는데, 이 사람이 고심작들을 묶어 『박꽃』이라는 시집을 엮고, 그 서문으로 효석의 꽤 호의적인 글을 받은 것을 가지고, "호랑이 꼬랑지라도 잡은 것처럼" 으스댄다 해서 선망과 질시의 표적이 되기도 했다. 이 시집은 출간되자 임화林和가 중앙의 어느 신문에서 "소박하고 성실한 리얼리즘……"이라고 역시 호의적인 평을 했다는 것을, 필자는 후년에 와서 알았다.

허이복씨는 필자의 보통학교 은사로, '글짓기'를 잘하는 아이라고 공연히 부추겨 가지고 훗날 나로 하여금 시인 소리를 듣게끔 한 장본인의 하나이기도 하다.

그 당시 용악은 어쩌다 귀향을 하면, 허이복을 중심한 문학청년들과 꼭꼭 어울리곤 했으나 효석과는 사귄 것 같지 않다.

청년들 중 아직 무명이긴 했지만, 김진세金軫世·신동철申東哲 두 사람은 각기 개성이 있고 앞날을 촉망케 하는 시인들이었는데, 그후 일제 암흑기 막바지에 어떻게 되었는지 알 길이 없다. 김진세의 다음 단련시單聯詩는 필자가 아직까지 잊지 않고 있는 수작이다.

> 해저海底— 오늘도 어둑한 암반巖盤에 흡반吸盤을 붙이고, 아득한 해상海上의 회리바람을 걱정하는 미련한 장어章魚가 있다.

김종한金鍾漢과 함윤수咸允洙도 동향의 시인이지만, 이들은 용악의 동경유학 시절에 더 많이 어울렸으므로 그 대목에 가서 다시 이야기하기로 한다. 함윤수의 사촌형이며, 저 「해바라기의 비명碑銘」이란 명시를 남긴 함형수咸亨洙, 그리고 해방후도 남한에서 뜸뜸이 시작을 보여주던 오화룡吳化龍도 이곳 출신임을 덧붙여둔다.

김광섭金珖燮도 경성 출신으로 알려졌지만, 실은 경성읍에서 좀 떨어진 어랑漁郎 사람으로 나이도 근 10년 위이고 해서 용악과는 이곳에선 별 교섭이 없었던 것 같다.

이밖에 30년대 모더니즘의 기수 김기림金起林은 성진城津 사람이지만, 42년 서울에서 낙향, 이곳 경성고보 영어교사로 취직하여 허이복·신동철·필자 등과 한동안 어울렸다. 이때는 이미 태평양전쟁도 절정으로 치닫고, 중앙에 있던 문인·지식인들이 뿔뿔이 낙향, 일본경찰의 감시의 눈을 피해 살 길을 도모하기에 바빴다.

기림과 거의 같은 무렵에 이곳에 낙향한 용악은, 일자리를 찾아 이내 청진인가로 나가버림으로써 기림과의 이곳 해후는 없었던 것 같다.

기림의 이곳 '유복자'로선, 현재 시단에서 활약중인 시인 김규동金奎東, 이활李活 등이 있고, 그밖에 영화감독 신상옥, 사회당 당수를 하던 정객 김철金哲 기타가 있는데, 이들은 기림한테 시학 아닌 영어와 물리를 배웠던 것이다.

4. 『二人』 동인 김종한

그토록 고단한 고학생활 속에서도, 용악의 문학에 대한 정열은 치열하게 불타올랐다. 유학한 다음해(1935년)에 데뷔 작품으로 알려진 「패배자의 소원」에 이어 봇물 쏟아지듯 습작을 마구 발표해온 그가, 패기만만한 동향의 신진시인 김종한을 만나, 둘이서 『二人』을 내게 되면서 그 문학에 획기적인 진경進境을 보이기에 이른다.

『2인』은 제목 그대로 용악·종한 단 두 사람의 동인지로 국판 8페이지의 알량한 팜플렛에 불과했으나, 전체 지면에 문학에의 젊은 의욕이 철철 넘쳐흐르듯 했다. 처음 얼마 동안은 달에 두어 번씩 내놓았는데, 각자의 최근 시작품을 꼭꼭 싣고, 서울문단 소식과 동경유학생 문인들의 소식을 곁들였다.

첫호엔 용악의 「아이야 돌다리 위로 가자」와 종한의 「미망인 R의 초상」이 실렸던 것으로 기억한다. 용악의 것은 더 손질을 해서 나중에 시집 『낡은 집』에 수록했으며, 종한의 것은 뒤에 《문장文章》에 정지용鄭芝溶 최초의 추천 작품으로 당선됐던 것으로 기억한다. 종한의 「미망인 R……」을 잠깐 소개해 보면

그림자가 그늘을 쳤소/하이한 벤취 위에/하이한 당신의 드레쓰에//그물 속에서/물고기의 습성을 호흡하는/당신의 휴게//……잊어버렸다가도/바람의 방언이/나무품 속을 속삭이면……//보이지 않는 손이/(오오 누구의 손일까요)/그물코를 흔드오 흔드오

종한은 용악과 동갑으로, 명천明川 출생이지만 경성고보를 나와서 그해(1934년)에 일본으로 건너가 니혼대학〔日本大學〕에 다녔는데, 그 이전에 이미 「베짜는 각씨」 「망향곡」 등 창작민요와 「낡은 우물이 있는 풍경」 등 재치 넘친 시작품을 발표, "나야말로 신진 중의 신진이노라"고 대단한 자부심을 과시하고 다녔다.

이 두 사람의 동경유학 후반기에 『은화식물지隱花植物誌』의 시인 함윤수咸允洙가 종한을 따라 니혼대학에 입학하고, 뒤미처 1941년 유정이 역시 니혼대학에 들어가게 되는데, 이때엔 이미 용악은 서울로 돌아가고, 종한 혼자 동경에서 일문잡지 기자를 하고 있었다.

용악과 종한— 두 시인은 상통한 점도 있었으나, 그 기질이며 문학관, 생활태도에서 판이한 점이 더 많았다. 용악의 과묵에 대

해 종한의 다변多辯, 소탈에 대해 '자기 현시', '토착적인 서정'에 대해 '모더니즘 풍의 기교', 이런 면에서 서로 대항하고 반발하고 했다.

하지만, 용악이 종한한테서 얻어낸 것이 더 많았다. 용악은 자기 본래의 토착정신을 한층 굳고 깊게 하는 한편, 종한의 기교— 수사법에 대한 관심을 눈여겨 보았다. 그 모색과정에서 시집 『분수령』이 산출되었으며, 이어 그의 문학적 확신을 보여주는 『낡은 집』이 결실되었던 것이다.

5. 걸어다니면서 쓴다

용악은 시를 "길을 걸어다니면서, 전차나 버스를 타고 손잡이 잡고 흔들거려 가면서 쓴다"고 했다. 집에서 책상 앞에 앉아서 원고지에다 쓰는 광경을 통 볼 수 없기에, 언제던가 궁금해서 물었더니 그런 대답을 했다.

그럴 수밖에 없었던 것이, 그에겐 조용히 앉아서 글 쓸 집이나 책상이 있을 수 없는 생활을 해왔던 것이다. 유학생활 4,5년은 말이 유학이지 사실상 학비를 위한 노동으로 지냈으며, 귀국해서 광복 안팎 7,8년은 취직·실직·낙향·피신으로 동가식 서가숙東家食西家宿하는 방랑생활이었던 것이다.

그는 "걸어다니면서" 시를 착상하고, 싸구려 소주를 마시면서 시 귀절을 다듬고, 이불속에서 그것을 완성했다. 그가 이불속에 엎드린 채 원고지에 시를 정서하는 현장을 필자는 번번이 보았다. 이불속에서 시 쓰는 버릇은 그후도 오래 지속되어 광복후 버젓한

2층의 서재가 마련된 뒤에도 여전히 변함이 없었다.

도시 그에겐 서재 같은 건 필요치 않았던 것이다. 그는 서재나 책상머리에 쌓아놓을 만한 서적을 가지려 하지 않았다. 책상 위엔 언제봐도 신간잡지 두어 권에 담배꽁초 수북한 재떨이가 흐트러져 있을 뿐이었다.

그 대신이랄까, 그 기억력은 놀라우리만큼 대단했다. 자신의 시 작품의 귀절 귀절은 물론이요, 한번 보고 들은 사물이나 사건에 대한 지식은 언제 어디서나 정확하게 되살려내곤 했다. 기자생활 시절에 풍물기행이나 사건취재를 나가도, 그는 메모 따위는 하는 적이 없고, 돌아와서 신문사 데스크 옆에서 기사를 작성해 내놓곤 했다.

용악의 작품활동에 있어서 가장 회심의 시절이었던 것은 「오랑캐꽃」을 발표한 1939년께가 아닌가 한다. 이 작품이 발표되자 시단과 독자층은 크게 찬탄했다. 동료 시인을 좀처럼 평가하지 않던 서정주徐廷柱조차 이 시편을 쓴 작자를 가리켜 “그는 가난 속에 괄시를 받으면서, 망국민의 절망과 비애를 잘도 표현했다”고 호의적인 평가를 했던 것이다.

실은 용악의 「오랑캐꽃」과 전후해서 정주의 「귀촉도歸蜀途」가 발표되어 이 역시 시단의 화제를 모았었다. 어느 쪽이 앞섰던지 기억이 확실치 않으나, 두 시편이 서로 대항의식을 갖고 씌어진 것이, 두 작품을 보면 역력하다. 시의 주제나 구상에 닮은 면이 있으며, 특히 둘이 다 여느 때 없이 시 제목에 해제解題를 붙였는데,

그 해제가 하나같이 멋진 시귀를 이루었다 하여 야단들이었던 것이다.

「오랑캐꽃」의 "발표지를 보았느냐"면서 사뭇 만족해하던 용악의 표정이 지금도 선연하다. "정주·장환·용악이 현시단의 삼재三才로 일컬어지고 있음을 아느냐" 그런 말도 하고 그는 유쾌한 듯 웃었다. 위의 두 시편의 '해제'를 이에 인용하여 그 시절의 회고로 삼는 것도 필자에겐 새삼스러운 감회의 하나이다.

> 긴 세월을 오랑캐와의 싸홈에 살았다는 우리의 머언 조상들이 너를 불러 '오랑캐꽃'이라 했으니 어찌 보면 너의 뒷모양이 머리태를 드리인 오랑캐의 뒷머리와도 같은 까닭이라 전한다.
>
> —「오랑캐꽃」 머리 해제

> 육날 메투리는 신 중에서는 으뜸인 미투리 중에서도 가장 아름다운 조선의 신발이었느니라. 귀촉도는, 항용 우리들이 두견이라고도 하고 소쩍새라고도 하고 접동새라고도 하고 자규(子規)라고도 하는 새가, 귀촉도…… 귀촉도…… 그런 발음으로써 우는 것이라고 지하에 돌아간 우리들의 조상 때부터 들어온 데서 생긴 말씀이니라.
>
> —「귀촉도」 꼬리 해제

6. 배추꽃 속의 사랑

용악의 작품의 주제는 초기의 시일수록 가족에 대한 것이 많다. 아니, 거의 모두가 타국 일본에서, 또는 간도 등지에서 고향집을 그리워하는 것이라 해도 지나치지 않을 정도다. 그만큼 그는 가정적 애정에 굶주려 있었던 것이다.

그 외로운 심정을 "벗 없을 땐/집 한칸 있었으면 덜이나 곤하겠는데//타지 않는 저녁 하늘을/가벼운 병처럼 스쳐 흐르는 시장기/어쩌면 몹시두 아름다워라/앞이건 뒤건 내 가차이 모올래 오시이소"(「집」)하고 호소하던 시인이, 애틋한 가정에의 소망을 풀어보게 된 것은, 역시 북도 출신의 규수 최씨와 해후함으로써였다.

이 처녀와의 해후 이후, 용악의 생활에 한가닥의 '밝음'이 비쳐들고, 그 '밝음'은 여러 편의 '사랑'의 시편으로서 그의 전체 작품 속에서 이채를 띤 가작들로 나타났다. 「장마 개인 날」「꽃가루 속에」「그리움」「길」 등 8,9편에 이르는 작품군이 그것인데, 그가 남긴 전체 백여 편에 대한 비율로 보면, 상당한 수량임을 알 수 있겠다.

이 규수는 함경북도 무산읍茂山邑의 최씨 가문의 출신(그 이름을 필자는 잊었다)으로, 용악의 유학 후반기에 동경에 건너와서 서로 알게 되었는데, 동경의 사립명문 '오쯔마 기예전문학교'에 다니는 중이었다.

시인은 당시의 환희를 이렇게 노래하고 있다.

> 배추밭 이랑을 노오란 배추꽃 이랑을/숨가쁘게 마구 웃으며 달리는 것은/어디서 네가 나즉히 부르기 때문에/배추꽃 속에 살며시 흩어놓은 꽃가루 속에/나두야 숨어서 너를 부르고 싶기 때문에
>
> —「꽃가루 속에」 전문

장미꽃도, 진달래꽃도 아닌 '배추꽃' 속에서 사랑을 한다는 것,

역시 이 시인다워서 미소롭지 않은가.

최씨를 필자가 처음 만나본 것은 해방 이듬해 초여름, 서울 종로구 청운동 시인의 새가정 집에서였는데, 그네는 눈을 씻고 다시 보고 싶을 그런 전형적인 북도 미녀였다. 태생을 짐작케 하는 귀인성스러운 동그랗고 새하얀 얼굴, 덧니 하나가 있는 옥니를 약간 드러내고 상냥하게 웃었다.

그 새색시와의 사이에 그때 이미 첫아기(여자아이)를 낳고, 시인은 무척 행복해 보였다. 그러나 그 무렵이 시인의 생애에 처음 맛보는 가정의 행복이자, 마지막 행복이나 아니었을까. 그로부터 불과 몇 해, 둘째아기(남자아이)가 아장아장 걸어다니기 시작할 무렵부터 가장인 시인은 다시 숨어다니는 몸이 되고, 부인의 얼굴엔 어두운 그림자가 깃들이게 되었으니 말이다.

7. 과연 '친일시親日詩'인가

이제 이 글의 막판에 이르러 일제하 암흑기의 용악 시 일부에 대한 '친일문학' 논의에 관련해서 몇 마디 언급하지 않을 수 없게 되었다.

용악 시는 본디 리얼리즘의 문학으로, 초기의 두 시집 『분수령』 『낡은 집』을 거치면서 개인사·가족사로부터 이웃과 '우리들'에의 연대의식에로 전개, 일제하 암흑기에 걸쳐 '민족시'로서의 전진을 꾀하다가, 광복과 더불어 되려 좌절을 겪게 되었던 경위는 윤영천 교수가 이미 상세히 논술한 바이다.

이 암흑기를 헤쳐가기 위해 용악이 고안해낸 것이 바로 '상징시'

의 시법이다. 구체적, 사실적 시법에서 상징에로의 전환은 일종의 도회韜晦이며 위장僞裝이다. 이 당시의 시편들에 '나라'니 '조국'이니 '백성'이니 '충성'이니 하는 과장된 어휘들이 갑자기 헤퍼졌음도 바로 그러한 연유에서다. 같은 시집 『오랑캐꽃』 중에서도「불」「구슬」「죽음」 등은 상징 시법의 두드러진 것으로, 이 시법을 이 시기에 특히 중용重用한 시인의 의도를 우리는 정확히 파악해야 한다.

'친일' 논의에 오르내린 용악 시는 주로 40년대 초반에 씌어진 「길」「눈 내리는 거리에서」 등인데, 번거로우시더라도 먼저 그 전문을 읽어보신 다음에 필자의 말에 귀기울여 주시기를—

용악의 이 시편들을 놓고 '친일' 운운하는 평자들은, 이 시편들 속의 "나라에 지극히 복된 기별이 있어……"니 "어찌야 즐거운 백성이 아니리" 또는 "이제 오랜 치욕과 사슬은 끊어지고"니 "아세아의 아들들이 뭉쳐서 나아가는 곳……"이니 하는 귀절들의 또는 어휘들의 피상적인 의미에만 시각이 얽매여 있는 것 같다. 상징의 주요 수사법이 풍유와 암유, 역설과 반어의 구사임을 염두에 두고 본다면, 이러한 귀절·어휘의 의미하는 바가 무엇인지는 이내 알아차리고도 남음이 있다 하겠다.

그들 학구파들의 시각에는 다음의 시편은 영락없는 '친일시'의 거작巨作으로 비칠 것이다. 그러나 이것은 정상적인 눈을 가진 한국사람의 시각이라면, 고통스럽고 비참한 한국인 바로 우리들의 '죽음'을 상징한 내용임을 이내 간파할 수 있을 것이다.

나라에 큰 난 있어 사나히들은 당신을 향할지라도/두려울 법 없고/충성한 백성만을 위하야 당신은/항상 새 누리를 꾸미는 것이었읍니다// 아무도 이르지 못한 바닷가 같은 데서/아무도 살지 않은 풀 우거진 벌판 같은 데서/말하자면/헤아릴 수 없는 옛적 같은 데서/빛을 거느린 당신

—「죽음」 부분

『이용악시전집』(창작과비평사, 1988. 6.)

북쪽에 띄우는 첫 사연

북쪽은 고향
그 북쪽은 여인이 팔려간 나라
머언 산맥에 바람이 얼어붙을 때
다시 풀릴 때
시름 많은 북쪽 하늘에
마음은 눈 감을 줄 모르다
—이용악 「북쪽」에서

용이! 잘 있었는가?

북쪽에 살아 있을 이제는 단 한 사람의 내 혈육일지도 모를 조카 용이!

이렇게 고향에의 첫 사연을 몇 마디 띄우자 하니, 백 가지 천 가지 상념이 앞다투어 몰려들어 가슴이 벅차기만 하는구나.

우리는 동갑나기 1922년생이니, 자네도 나도 올해 나이 예순하고도 일곱, 내일 모레면 벌써 칠십을 바라보게 되지. 죽기 전에 한번 다시 만나보게나 될는지?

이 사연을 적고 있는 책상머리 벽 위에, 한 장의 색바랜 흑백 풍경사진이 걸려있네. 어느 잡지에서 오려낸 것인데, 우리 고향 경성의 남대천 냇물 언저리 모습을 너무나 닮았거든.

30년도 더 전부터 간직한 이 사진을 이사할 때마다 소중히 모시고 다니며, 방을 들락거릴 때마다 눈 한 구석에 담아보곤 나 혼자만의 감회를 달랜다네.

아, 남대천! 그 맑고 푸른 흐름 속엔, 은빛 은어새끼들이 아직도 번득이며 달아나고 있는가. 애써 만든 쇠꼬챙이 작살을 치켜들고, 어린 용이와 내가 아직도 그 뒤를 쫓아 내달리고 있는가.

이제 세상도 많이 바뀌어, 텔레비전 화면에 그쪽 광경도 심심찮게 등장한다네. 그쪽 광경이 비칠 때면, 나는 빠짐없이 지켜 앉아서 눈여겨 본다네. 혹시나 우리 형제, 옛친구의 얼굴이 나타나지 않을까하고……

인민광장이라던가, 김일성광장이라던가 하는 데서, 그 무시무시한 '붉은 깃발' 물결 속을, 그 우스꽝스런 뻗정다리 대열로 밀려오고 또 밀려오는 군중— 그 많은 군중 속에서도, 그러나 내가 찾는 얼굴은 찾아볼 수 없다네.

여기에 실린 내 얼굴 사진은 30대 후반의 모습인데, 되도록 젊어 보일만한 것을 찾다보니 이런 낡은 것 밖엔 없었다네. 지금의 늙은 얼굴을 내보였자 조카가 어찌 알아보겠는가.

그러나 자네나 나나 이제는 믿어도 좋을 것 같네. 옛시대는 물러가고 새시대가 오고야 만다는 것을.

서두에 적어놓은 시편은, 우리 소년시절 같은 동네에 살던 시인이, 우리 고향을 두고 읊은 작품일세. 이용악씨라면 아마 자네도 잘 알고 있을 터이고, 어쩌면 그와 만나서 내 소식도 들었을 줄 아네.

이용악씨는 육이오 동란 때에 월북한 시인이지만, 이쪽에선 그의 작품집이 출간되어 재평가를 받고 있지.

뿐만 아니라, 그밖의 모든 납북·월북 문인들의 작품과 평전이 소개되어 남북 교류의 조짐이 활기를 띠고 있다네.

그쪽의 풍부한 자연자원과 이쪽의 뛰어난 기술 자재를 교환하려는 활발한 움직임은 자네들도 알고 있을테지.

하물며 저 광대한 중국대륙과 황량한 시베리아 오지에서도, 넘치는 우리 민족의 창조력을 애타게 손짓하고 있는 현실을, 북한 그쪽에선 과연 어떻게 보고 있는 것인지?

이제 고향을 찾아 무엇하리? 부모형제 다 뿔뿔이 이산離散하고, 낯 알아볼 옛친구들 마저 찾아볼 수 없을 그런 고향을!

차라리 훌훌 털고 일어서서, 새날을 위해 새삶의 터전을 마련하기만 못하느니.

이제는 '여인이 팔려간' 그런 나라도 우리 앞엔 있을 수 없고, '시름 많은 북쪽 하늘'도 있을 수 없으니, 우리의 후손들이나마 마음 놓고 살 수 있는 그런 세상을, 우리의 손으로 마련해 놓으면 어떠리.

《北韓世界》 20호(1989. 2.)

출판기념회와 꽃다발과

꽃다발 증정의 풍속도 8·15해방이 이 땅에 갖다준 하나의 신기한 유행인가 싶다.

무슨 기념회, 무슨 대회 할 때마다 그 회장 정면에 꽃다발이 즐비하게 진열된다. 사회적인 큰 행사 때는 그것도 있을 법한 일이렸다. 허나 요즈막은 마구 꽃사태가 터져서 국민학교 졸업식 같은 데까지 꽃다발을 사들고들 가는 것을 본다. 내 심사가 뒤틀어져서 그런지 이런 것을 보면 자꾸 눈살이 찌푸러짐을 금할 수가 없다.

작가·시인들의 출판기념회가 빈번해지면서 나같이 몰풍정沒風情한 사람도 가끔씩 아릿따운 꽃다발을 멀리서 관상하는 영광된 기회를 얻게 된다.

휘황한 등불 아래 수많은 꽃다발에 둘러싸인 작가나 시인의 얼굴은 보기만해도 화사하고 한결 영예스럽기도 하다. 꽃다발 하나 없이 탁자만 늘어놓은 기념회장이란 생각만 하더라도 처량한 것이다.

허나 꽃다발도 그 모임의 성격과 회장 분위기에 알맞는 것이라야 보는 편에서도 미소를 보내 줄 수 있다. 덮어놓고 많이 갖다주고 많이 받고 하기를 자랑으로 안다면 그것은 빈축 가마리가 되고 말 것이다.

원래가 출판기념회란 작품의 출판을 계기 삼아 그 작가나 시인의 평소 노고를 위로하고 업적을 치하하는 모임이라면 증정되는 꽃다발도 그러한 의미에서 성실된 애정과 축하의 뜻이 담겨지기만 하면 족할 것이 아닌가. 그 꽃다발은 얼마든지 청초해도 좋을 것이요, 그 수효는 단 두어 점이라도 좋을 것이다.

어떤 무명시인의 처녀시집 출판기념회에 갔다가 너무도 무성한 꽃다발 때문에 그 저편에 묻힌 그날의 주인공의 얼굴은 끝내 똑똑히 기억하지 못하고 말았다. 여러 단체와 개인의 이름이 꽃다발만큼씩 크게 써붙이었던 헝겊 조각만이 눈에 남았다. 각계각층에서 화환이 답지하는 따위는 정계 요인의 생일축하 파티에서나 있을 법한 신문기사 만치나 작가나 시인의 출판기념회에서는 조금도 자랑될 것이 못된다.

연전에 한 이십 명의 시인들로 자작시 낭독의 밤을 가진 적이 있었다. 물론 몇몇 단체에서의 꽃다발이 '축 낭독 시회'란 패를 달고 회장을 장식하였다. 회가 한참 진행되는 도중에 모 시인이 낭독을 끝마치자 청중 속에서 동의(?)가 있어 한 소녀가 꽃다발을 들고 걸어나오더니 그 시인에게 드렸다. '시인 ×××선생께'라고 또렷이 씌어있는 것은 보았으나 바치는 사람의 이름까지는 볼 수 없었다. 애독자에게서 온 꽃다발인 것이다. 아름다운 풍경이 아닐 수 없었다. 장내는 박수 소리로 뒤흔들렸다. 이십 명 시인들 중에서 개인적으로 꽃다발을 받은 사람은 그와 또 노老시인 모씨 뿐이었다. 노시인에게는 예사로운 일일 것이나 아직 젊다면 젊은 그 시인에게의 소녀의 꽃다발은 호기심과 솔직히 말해서 다소의 선망감 조차 동료시인들에게 느끼게 한 것은 사실이었다.

그런데 며칠 후 그 밤에 참석하였다는 모대학생 H군의 이야기를 듣고 나는 입을 따악 벌리지 않을 수 없었다. 그날밤 그는 화장실에서 나오다가 복도에서 비밀리에 진행된 프로를 엿보았다는 것이다. 꽃다발을 받은 그 시인이 그 소녀에게 꽃다발 사다줄 것을 부탁하면서 돈까지 내어주더라는 것이다.

그 이야기 끝에 H군은 "시인들도 꽃다발은 퍽 받구싶어하는군요?"하고 빙긋이 나의 얼굴을 쳐다보았다. 좀체로 수치감정이란 것을 모르는 나의 낯가죽이 일시에 홍당무가 되어지는 것을 나 자신이 느끼었다.

며칠 전엔 평론을 쓰는 C군이 거리에서 만나자 마침 잘 되었다는 듯이 같이 꽃가게로 가자고 한다. 꽃가게는 웬 꽃가게냐고 한즉 꽃다발을 하나 꼭 사야 하겠다고 한다. 같은 직장에서 일하는 상사가 이번 무슨 상을 탔는데 그 축하연에 꽃다발을 선사해 주기를 바라는 눈치라는 것이다.

꽃다발이 그렇게 비싼 물건이란 것은 C군도 나도 처음 알았다. 이것 저것 값이 싼 것으로 고르다 못한 끝에 C군은 호주머니의 전재산 이천환을 털어 꽃다발 하나를 하루만 세내기로 하였다. C군이 '축 ×××선생 ××상 수상'이란 패를 써붙이는 꽃다발 옆에서 나는 자꾸만 서글픈 생각이 떠오름을 어찌할 수 없었다. 꽃다발은 벌써 여러 곳을 돌아다닌듯 이파리도 상하고 꽃잎에는 손때 같은 것이 묻어 있었다. 꽃이야 말로 애꿎은 수난이라 할 것이었다.

나도 한번쯤은 출판기념회를 가지게 될 것이니 미리부터 겁이

든다. 꽃다발 때문에 몇 친구가 곤욕이나 당하지 않을까? 또 이건 기우杞憂에 지나지 않겠지만 너무 많은 꽃다발을 받음으로써 나의 얼굴을 구경하러 온 미지의 애독자(!)한테 내가 경험한 바와 같은 실망을 주지나 않을까? 나는 나의 애인에게서 하나, 친구들에게서 하나 해서 꽃다발은 꼭 두 개만 조촐하고 작으마한 것으로 골라 나의 기념회를 장식해 줄 것을 부탁하리라 생각한다. 아니면 숫제 꽃다발은 전폐全廢하기로 작정이다.

《文學藝術》(1957. 10.)

발문 · 평론

이봉래

세리카와 데쓰요

유정의 시세계*

이봉래

유정柳呈의 시세계詩世界를 이야기한다는 것은 지금 나에게 있어서는 거의 고통에 가까운 일이다.

왜냐하면 첫째 유정처럼 불행하고 비참한 생활환경生活環境 속에서 시를 써온 시인은 그리 흔하지 않은 까닭이요, 두째로 柳呈처럼 사상思想과 생활의 괴리乖離 속에서 끊임 없는 자기自己 대결對決을 시도함으로써 끝끝내 촛불이 제 몸을 태워 피우듯이 그렇게 스스로의 몸을 깎아가면서 시를 써온 시인을 나는 별로 발견하지 못했기 때문이며, 셋째로 유정처럼 시를 자기의 종교宗敎로서 숭상崇尙하는 시인은 매우 드물기 때문이다.

그리고 넷째로 그 누구 보다도 나는 유정과 유정의 시를 잘 알고 있음으로해서 더욱 그러한 것이다.

유정과 나는 함경도咸鏡道 산읍山邑에서 거의 비슷한 연대에 시를 쓰기 시작했다. 아직 우리는 홍안紅顔이었지만 유정은 이미 그 뛰어난 일어日語 구사驅使로 일인日人 堀口大學이나 土方定一等에

* 『사랑과 미움의 시』 발문에서

게서 절찬絶讚을 받고 시집詩集을 낸바도 있었다.「소년연모少年戀慕」일련의 작품은 그 당시 것의 일부 번역飜譯으로 지금도 우리의 은근한 추억담追憶談의 산 재료材料가 되어 있다.

그때부터 유정이 지향하는 시세계詩世界와 내가 의도意圖하는 그것과는 전혀 상반相反되는 위치에 놓여 있었다. 그러나 유정과 나는 자기의 생리生理와 사고방식思考方式을 초월해서 서로의 시세계에 접근하고 그것을 이해하려는 노력 가운데 인간적인 체온을 나누어왔던 것이다.

이를테면 유정과 나는 시에 대한 사상적思想的 입각점立脚點을 달리하면서도 오직 시를 쓴다는 공통된 의식속에 인간적인 결합을 맺어 왔던 것이다, 이는 모든 면에서 목적과 수단이라는 이율배반적二律背反的인 고민 때문에 허덕이는 오늘날에 있어서「인간성人間性」에 대한 성실과 양심의 소재所在를, 시작詩作이라는 행위를 통해서 증명하자는 불배不排燒의 심원心願에서 이루어진 우정이요 서로의 신뢰감을 의미하는 것이기도 하다.

유정의 시는 고독한 인간의 비애悲哀에 찬 생명生命의 숨소리 그것이다.

유정의 시는 현실과 생활에 패배한 선의善意의 인간의 마지막 기도祈禱와도 같다.

여기에는 위선僞善도 허식虛飾도 긴장誇張도 있을 수 없다. 아니 일체 악에 대한 의식조차 발견할 수 없는 순수純粹하고도 찬란燦爛한 정적靜寂의 일순一瞬이 불타고 있을 따름이다.

고요한 밤에 방바닥에 떨어지는 바늘 소리와도 같이 모든 사람의 귀를 기울이게 하는 그 엄숙한 주제主題와 단정한 격조格調— 이것이 유정의 시를 형성하는 전부라고 하여도 과언은 아니다.

유정은 바람에 나부끼는 갈대와 같이 약한 인간이다. 그의 시는 또한 어딘지 약한 갈대의 인상印象을 준다. 그러나 그는 생각하는 갈대요 그의 시는 또한 생각하는 갈대의 형상形象 그것이다.

그는 항상 평이한 언어言語와 평범한 소재속에 현실과 생활을 남김없이 반영反映시키며 자기의 사상을 완전히 시화詩化하고 마는 것이다.

나는 지금 이 초라한 글로써 귀한 유정의 시집에다 감히 사족蛇足을 붙이려 하는 마당에서 '시란 과연 무엇이냐?'하는 것을 다시 생각하지 않을수 없다. 시를 쓴다는 것은 아무래도 환희歡喜가 아니라 고통苦痛인상 싶다.

유정! 우리 시 쓰기 시작한지도 어언 십오년이 넘는데 이제 형의 우리말 첫시집이 나오게 되니 그 감개感慨 참으로 이를데 없구료. 형의 예술藝術과 생활生活에 앞으로 무한無限한 광명光明이 드리워지기를 남몰래 비는 마음 실로 간절하다오.

1957년 만춘晩春의 어느 청명한 날

시인 유정론 서설

세리카와 데쓰요

1

이 글에서 다루는 시인 유정은 주로 1950년대에 활동한 시인이다. 전쟁과 폐허의 상흔 속에서 시를 쓰는 시인들을 '전후파 시인(戰後派 詩人)'이라고 한다면 50년대 시인의 앤솔로지로써 편집된 『한국전후문제시집』(신구문화사, 1961)은 전후파 시인들의 면면을 살펴볼 수 있는 시집이다. 이곳에 수록된 33인의 시인 중 특히 근일에 논의 대상으로 되고 있는 인물은 박인환, 구상, 김수영, 김춘수 등으로, 김구용, 김남조, 박재삼, 이동주, 이형기, 전봉건, 정한모, 조병화 등은 지속적으로 평가를 받고 있으나, 유일하게 유정은 작품수가 적은 탓인지 몰라도 자료 발굴도 이루어지지 않고 있다.

여기서는 우선 유정의 경력을 개략적으로 서술한 후에 1950년대 시인으로서의 위치를 언급하고, 마지막으로 그의 후반부 삶에서 일본문학 연구자, 번역가로서의 업적을 되짚어보고자 한다.

2. 유정의 생애

유정은 1922년 함경북도 경성(鏡城)에서 토건업을 하는 집안의 6남 1녀 중 막내로 태어났다. 1939년 여름 경성공립보통학교(후에 중학교) 졸업을 앞두고, 봄, 도쿄에 유학하였다. 보통학교에서는 화가인 후치가미〔淵上〕 교사를 만나 그림을 배웠다. 이 교사는 문예방면에도 조예가 깊어, 둘이서 같이 문예잡지인 《문예수도》나 《와카쿠사(若草)》에 투고하면서 서신 왕래하던 호리구치다이가쿠〔掘口大學〕가 불러주어 한때 그의 집에서 기거하고 있었다. 1939년 가을, 동경에서 체류 중인 고향선배 김종한으로부터 편지를 받고 그해 겨울 같은 고향 출신인 이용악의 하숙집에서 처음 만나게 된다.

김종한의 이름을 들은 것은 근처에 살던 이용악이 도쿄에서 내려올 때, 고향선배 시인인 함윤수의 처녀시집 『은화식물지』를 들고 왔는데 은박으로 인쇄된 제목 글자를 쓴 사람이 바로 김종한이었다. 유정은 이용악으로부터는 평이한 언어 사용을, 김종한으로부터는 현대적이고 향토적인 이미지즘의 영향을 받았다고 한다. 함윤수는 김종한과 나이가 같고 그를 따라 일본대학 예술학부에 입학(1941년 졸업)했다, 같은 해 유정도 일본대학 예술학부 전문부 창작과에 입학(졸업은 1943년 9월)했다.

유정은 다시 1943년 조치대학〔上智大學〕 문학부 철학과에 입학하였으나 전쟁이 치열해지자 1년만에 중퇴하고(조치대는 일찍이 1934년부터 1938년까지 이용악이 신문학과를 다녔다), 1944년 7월 귀향하여 임시교원으로 지냈다. 이때 함북 성진(城津) 출신인 김기림(金起林)이 마침 경성중학교에서 영어·수학을 가르치고 있어 교제하면서, 해방 때까지 문학적 토론을 하였다고 한다. 1년 후배인 김규동(1923년생)은 경성중학교에서 김기림에게 배웠고, 그도 역시 나중에는 1950년대 시인으로 활약하게 된다.

전술한대로 경성중학교 2학년 때 《문예수도》, 《와카쿠사》에 투고한 시가 당선되어 호리구치 다이가쿠〔堀口大學〕의 추천으로 일본어 시집 『춘신(春信)-봄을 향하다』(호리구치 서문 있음)를 교토의 시라이서방〔白井書房〕에서 1941년 간행하였다. 단가집 『傷つける魚(상처받은 물고기)』(지카자와〔近澤書店〕)를 함께 간행했다. 호리구치는 서문에서 "동세대의 젊은 시인들 가운데 유군은 일본어의 새로운 가능성을 보여준 우리들의 희망이다"라고 칭송했다고 한다.

1944년 유정은 학병 징집을 피해 귀향하여 시골 이곳저곳을 떠돌았고, 그 무렵 서울에 있던 김종한은 그해 겨울 서울의 여관에서 병사하였다. 급성 폐렴이었다고 한다.

유정은 1946년 월남하였다. 한국어에 대한 자신감을 잃고 시필(詩筆)을 꺾는다. 이후 1947년 4월부터 출판사 삼중당 문예부장, 중앙일보사 문화부장 등 출판사 편집장, 신문기자 등을 전전하면서 한국어 공부에 몰두하다가 6.25전쟁을 전후해 다시 시필을 잡는다.

1950년 여름, 종로에 있던 '조선문학가동맹' 사무소에서 의용군에게 강제 연행되어 북으로 끌려가던 도중 황해도 해주 인근에서 UN군의 포로가 되어 거제도포로수용소로 보내졌다고 한다.

이곳에서 김수영과 함께 있었다. 김수영이 거제도에 온 것이 1951년 1월경으로 추측되므로 유정도 그때 즈음으로 추정된다. 거제도수용소에서는 인민군 출신 포로들과 유정처럼 강제로 의용군에 끌려갔다가 붙잡힌 이질적인 집단들이 함께 섞여 있어 갈등이 끊이지 않았다. 경비대와 짜고 경비대의 눈을 피해 막사를 탈출하는 포로도 있었고, 친척들에게 연락해 비공식적으로 철조망을 빠져나가는 사람도 있었다.

유정도 일본으로 건너가려고 여러 차례 시도하였으나 실패하였다. 그가 남도 북도 아닌 일본을 선택한 것은 남도 북도 싫었기 때문이다. 김수영은 영어가 능하여 미군야전병원 외과원장의 호의로 1952년 12월초부터 1953년 2월말 사이에 석방되었다. 유정도 시 「소곡」이 1952년 3월에 《대구일보》에 실렸기 때문에 비슷한 시기에 석방되었을 것으로 추정된다. 한국이냐 일본이냐의 선택 중 결국은 한국을 택한 것으로 생각된다. 그 후 몇 군데의 신문사, 통신사 등을 거쳐 1974년 수도여자사범대학(현 세종대) 교수로 취임한 이후로 대학에서 일본어학과 개설 러시와 맞물려 인하대, 한양대, 건국대, 성신여대, 인천대 등 많은 대학에서 교편을 잡았고, 후반의 삶은 시인으로서보다 일본어문학 교육자, 연구자, 번역가로 알려졌다. 유정은 1999년 타계했다.

3. 1950년대 시 속의 유정

1950년대는 한국전쟁(이하 6.25)으로부터 1960년의 4.19혁명에 이르는 격동의 시기였다. 1950년대를 크게 보아 전란의 시기와 전후문학의 시기로 나누어 볼 수 있다.

조선민족에게 6.25는 엄청난 물리적 충격이면서 지울 수 없는 마음의 상처와 외적 상황에 대한 근본적인 한계 의식을 동시에 안겨주었다. 그리고 그 충격과 한계는 민족 구성원 모두의 가슴에 말로 표현할 수 없는 피해자 의식과 민족의 운명에 대한 깊은 허무감을 각인시켰다. 이 비극적인 전쟁은 민족분단을 고착화하였고, 이를 계기로 남과 북의 정치체제는 독재 권력을 지향하는 구조를 구축하게 되었다. 6.25를 거치면서 한국문학은 남북 분단과 이념 대립으로 사회주의 관련 소재를 다루지 못하게 됨으로써 이념으로부터는 도피하는 양상을 보이게 되었다. 또 나아가 민족공동체의 이상은 해체되고 분단을 당연시하는 의식도 분출하게 되었다.

1950년대 초반에는 전쟁 현장과 관련된 시가 난무했다. 6.25가 발발하자 '문총구국대'를 중심으로 종군작가단이 활동하기 시작했는데, 그 종군작가단에는 최태응, 금송, 정비석, 장덕조, 박인환, 방기환, 마해송, 조지훈, 최인욱, 최정희, 박두진, 박목월, 이한직이 참여하였다. 종군작가단은 직접 전쟁현장을 방문하여 시국공연, 문학의 밤·시화전·문인극 등의 행사를 개최하여, 전시중임에도 불구하고 문학 활동을 전개하였다. 유치환의 경우는 생사를 초월한 군인정신을 모범적으로 묘사했다. 유치환은 스스로 민족의 수난을 증언하는 시인임을 자처하며 초조감과 고뇌 속에 전쟁의 현실을 묘사하려 했다. 전시 중 문학의 대표적 장르인 시는 전쟁의 현장체험을 직접 표현하기도 하고 결연한 자아를 큰 목소리로 표출하는 특징을 갖고 있다. 유치환의 『보병과 더불어』(1951년)와 이영순의 『연희고지』(1951년)는 대표적인 종군시집이라 할 수 있다. 아울러 장호강의 『총검부』(1952년)는 전쟁이라는 극한 상황에 대처하려는 자아를 사적으로 현상화한 이색적인 시집이다.

전쟁 후반에 김춘수는 시집 『부다페스트에서의 소녀 죽음』(1951년)을 펴내 인간 삶과 사물의 존재에 대한 물음을 던졌고, 조병화는 시집 『패각의 침실』(1951년)에서 일상의 현실을 서정성 깊은 언어로 보여줬다.

전쟁이 끝난 뒤 재편된 시단에서는 김광균, 김광섭, 김상옥, 김용호, 노천명, 박두진, 박목월, 서정주, 신석정, 유치환, 조지훈 등 기성의 시인들이 새로운 자신의 시적 사고를 보여주었다. 새로운 시인들은 모두 해방 이후, 이념 대립과 전쟁의 비극을 체험하고 시의 순수성과 서정성으로 복귀했다. 전쟁 이후 나타난 새로운 시인들은 전통적 서정성의 세계로 더 나아가거나 새로운 언어와 새로운 시의 정신을 구현하는 길로 나섰다. 전쟁과 폐허의 잿더미에서 시를 쓰는 시인들을 '전후의 시인'들이라고 한다면 이들을 지칭하는 것일 것이다.

앞서 언급한 『한국전후문제시집』(1961년)은 전후파 시인들의 면면을 살펴볼 수 있는 적당한 앤솔로지이다. 이 앤솔로지에는 고원, 고은, 구상, 구자운, 김관식, 김광림, 김남조, 김수영, 김윤성, 김종문, 김종삼, 김춘수, 민재식, 박봉우, 박성룡, 박인환, 박양균, 박재삼, 박태진, 박희진, 성찬경, 신동문, 신동집, 유정, 이동주, 이

원섭, 이형기, 전봉건, 전영경, 정한모, 조병화, 조 향, 황금찬 등의 작품이 수록되어 있다. 이외에 구경서, 김구용, 김규동, 김영태, 김요섭, 김재원, 마종기, 신기선, 유경환, 이성교, 이영순, 이인석, 이중, 이창대, 장호, 정공채, 한무학, 한성기, 한하운, 홍윤숙, 황동규, 황명걸, 황운헌 등의 시인들도 있었다. 이 새로운 시인들은 1950년대 전후파를 형성하며 시의 새로운 다양성의 전성기를 보여줬다.

전후시의 경향은 시의 정서를 중요시하는 경우와 시적 인식의 확장을 중요시하는 경우로 크게 나뉜다. 전자는 대체로 전통 서정시라 불리고, 후자는 시적 언어와 형태에 새로운 실험을 통해 전통 서정시의 확장에 주력해 온 시인들(언어파, 또는 실험파)과 사회적 인식과 현실 문제를 시에 끌어들인 시인들(현실파)로 불린다.

'언어파' 시인들은 시적 인식을 중시함으로써 시어의 효과를 노린다. 흔히 후기 모더니즘 운동이라고 불리는 이들 시인들의 시적 성과는 한국어에 현대적 감각을 부여하고 시적 형태에 대한 모색을 꾀하였다고 할 수 있다. 한편 '현실파' 시인들은 시를 통해 사회적 상황에 대한 비판적 인식과 풍자적 접근이 가능함을 보여줬다.

전통 서정시의 세계관에 대한 일부 시인들의 지향점은 조지훈의 『시의 원리』(1913년)와 서정주의 『시문학개론』(1958년)을 이론적 근거로 제시했다. 시적 감수성의 심화를 표방한 조지훈과 서정주의 이론에서는 시의 생명적 본질, 개인적 감성, 언어의 순일성에 대한 강한 애정을 드러냈다. 시적 언어와 시적 인식에 대한 지향점은 김춘수의 『한국형태시형태론』(1958년)과 김규동의 『새로운 시론』(1959년)에서 나타났다.

> 이와 같이 오늘날 韓國詩檀의 先進的 主流를 形成하여 나가고 있는 階層을 새로운 詩人 卽 젊은 모더니스트들의 活躍이라고 본다면 이와 正反對로 現實의 暗黑을 避하여 지나간 過去의 낡은 傳統속에서 衰殘한 回想의 울타리 안으로만 옴추려들려는 流派들이 또하나 다른 흐름을 形成하면서 있는 것은 韓國詩壇만이 가지는 슬픈 宿命인 同時에 참을 수 없는 悲劇이 아닐 수 없겠다.
>
> 『靑鹿集』을 중심으로한 詩人들의 所謂 純粹詩 運動이 그것이었다.[1)]

이처럼 서정적 아름다움의 세계에서 지적 아름다움의 세계로 시적 지향을 전환하고자한 김규동의 시론은 한국시론의 분기점에 해당된다.

이 가운데 서정주의 시의 세계는 시집 『귀촉도(歸蜀途)』 이후 토착적인 정서 지향 성향이 더욱 두드러졌다. 「무등을 보며」는 이전의 「국화 옆에서」와 「밀어」 등의 시에서 확인되었던 고전적인 지향 성향을 심화시키면서 동시에 시적 자아의 성숙을 보여준 중요한 작품이다. 전통적 서정세계에 대한 서정주의 관심이 토착 언어의 시적 세련미와 시형태의 균형, 그리고 질서의 균형을 모두 이루어낸 것이 바로 「무등을 보며」였다.

---

1) 金奎東, 『새로운 詩論』, 151쪽(珊瑚莊, 1959)

마음도 한자리 못앉아 있는 마음일 때
친구의 서러운 사랑 이야기를
가을 햇볕으로나 동무삼아 따라가던
어느새 등성이에 이르러 눈물나고나

제삿날 큰집에 모이는 불빛도 불빛이지만
해질녘 울음이 타는 가을 江을 보겠네

저것 봐, 저것 봐
네보담도 내보담도
그 기쁜 첫사랑 산골 물소리가 사라지고
그 다음 사랑끝에 생긴 울음까지 녹아나고
이제는 미칠 일 하나로 바다에 다 와가는
소리죽은 가을 江을 처음 보겠네

—박재삼, 「울음이 타는 가을江」 전문[2)]

박재삼은 1950년대를 대표하는 슬픔과 정감의 시인이다. '울음'의 정서는 억압받던 삶의 슬픔에서 비롯된 것이지만, 1920년대의 김소월이나 1930년대의 김영랑, 서정주, 박목월과는 달리 삶의 근원적 정서에서 출발한 것이다.

순수한 전통적 시 세계를 지향하는 시인들과 달리 시적 인식과 확대를 지향하는 시인들은 '후반기(後半期)'의 동인인 김경린, 조

2) 『思想界』 1959년 2월, 후에 『울음이 타는 가을강』(혜원출판사, 1987)에 수록.

향, 박인환, 김규동, 김차영, 이봉래들이었다. 이들이 바로 새로운 시운동의 중심이었다. '후반기' 동인들이 관심을 기울였던 것은 도시에서 살아가는 개인의 불안 심리와 그 내면의식의 탐구였다. 이들 동인들의 시에서 가장 특징적인 것이 언어와 소재의 확대이다. 그들의 언어는 곧 물리적이었고 그들의 소재는 대부분이 도시 문명의 어두운 면이었다. 이러한 특이성은 폐쇄되었다. 서정의 시 세계를 도시화가 진행되고 있는 현실의 차원으로 확장시키고 있다는 점에서 의미가 있다. 특히 1950~60년대에 몇몇 시인들이 도시문명의 문제점을 다각도로 접근해 시적 형상화를 시도했다는 점은 주목할 만하다. 김기림으로 대표되는 1930년대 모더니스트들과 1980~90년대 황지우, 장정일, 유하, 함민복 등이 보여주었던 '도시시'의 가교 역할을 그들이 했기 때문이다.

전후시의 전체적인 흐름으로 볼 때 '후반기'의 동인과 직접적인 관계는 없으나, 절대적 신앙에 기대어 관념적으로 자기세계를 구축한 김현승과 존재의 의미와 언어의 가능성을 시의 세계에서 담고자 했던 구상과 김춘수의 업적은 이 시기의 시적 경향의 한 흐름을 보여준다. 6.25에 의한 동족상잔, 폐허 속에서 허무와 불안을 이겨내고 새롭고 다양한 시적 모험에 대한 열망이 넘치던 시절이 1950년대의 시문학이었다. 1960년 4.19혁명을 통해 극적 전환기를 맞게 되는 1950년대 시문학은 이후 한국시의 원천이라 할 수 있는 다양한 시적 자원을 제공했다.

여기서 유정 시 몇 편을 살펴봄으로써 1950년대의 그의 위치를 탐색해 보자.

小曲

먼 고향
구름처럼
떠도는 몸은

사랑하는
사람을
두고 올거나

타국땅
바람 차라
밤에 앉으면

누구를
생각하여
등불 지키리?

눈물을
구슬처럼
지니는 이는
산 바다
하늘 밖에

떠나 살거나

그래 또
이 한밤을
아니 잠자고

그대 불러
이 섬에
나는 울어라
(1952)

이 시는 간결한 표현형식으로 섬세한 서정을 노래하는 특징이 있다. "구름처럼, 떠도는 몸은"이라는 방랑감과 "사랑하는, 사람을, 두고 올거나"라는 이별감, 그리고 '타국땅'과 같은 고국에 대한 향수는 이 시의 주된 정조를 이루고 있다. 3,4조의 기본 음수율을 각각 단행으로 처리하고, 다시 2~3행으로 일련을 구성했다. 이러한 단조미는 각 연마다 그 끝부분을 "몸은, 두고 올거나, 밤에 앉으면, 지니는 이는, 떠나 살거나, 아니 잠자고" 등과 같이 모두 연결어미 내지는 조사로 마무리하여 새로운 긴장미를 유지시키고 있다. 향수, 객수, 애수 등 다양한 정조가 섞여 뚜렷한 주제를 반영하지는 않았지만 제목 그대로 서정적 소곡을 연주해주고 있다.[3)]

---

3)정한모, 김용직, 『韓國現代詩要覽』(박영사, 1974) 참조.

조그마한 무덤 앞에

—素玉을 哭하는 詩

흰 나무패 눈에 아픈
임자 무덤 앞에 손을 짚으면
잊은줄만 믿었던
슬픔이 파도처럼 밀리어 오오

임자 하얀 손이 여기에 있소
임자 푸른 눈동자가 여기에 있소
되살아 오는 가지가지 말씀

몰래 홀로 앓다가
몰래 홀로 눈감은
임자는 지금도
먼 파도소리에 홀로 귀 기울이고 있소이까

수풀 속에 소소로히 흔들리는 들국화
들국화 들국화
시월달 산바람에 마구 휘불리우는
연보라빛 가녈픈 네 모습을
오오 누구라 마음하여 나는 불러 볼건가

임자 앞에 꺾고저
이 산허리 어느 비탈 어느 그늘에나

구름처럼 들국화만 피어 있음에
난 다시금 눈물이 솟아 …… 뜨거운 눈물이 솟아 ……

흙내음새도 새로와 가슴 막히는
임자 조그마한 무덤 앞에 얼굴을 묻고
언제나
언제까지나 순결하리라 맹세하는
나요
유정이요
(1954)

'순수서정'이란 무엇인가? 그것은 전혀 꾸밈없는 감성의 소산이다. 초현실주의에서 이른바 자동기술법이라는 수법이 있다면 서정시인에게는 감동적인 노래가 있다. 감동적인 노래는 진솔한 마음의 결정체로써 빛을 내는 노래여야 한다. 「조그마한 무덤 앞에서」를 통해 시인 유정이 부르는 노래를 들어보면 독자는 시의 진실성이 얼마나 소중한지 깨닫게 된다.

시인 유정은 시집 『사랑과 미움의 詩』(1957년) 서문에서 이렇게 적고 있다. "시에 있어서 저의 관심은 현실감각의 긴밀한 서정, 그것이었습니다. 즉 이 각박한 현실 생활에서 촉발되는 착잡한 감동을 어떻게 더 적절하게 표현할 수 있느냐는 하는 것이었습니다."

램프의 시(1)

날마다 켜지던 窓에
오늘도
램프와 네 얼굴은 켜지지 않고
어둑한 黃昏이 제 집인양 들어와 앉았다
피라도 보고 온듯 선득선득한 느낌
램프를
그 따뜻한 것을 켜자
얼어서 찬 등피여 호오 입김이 愁心되어 갈앉으면
석윳내 서린 골짜구니
뽀얀 안개속
홀로 울고 가는
가냘픈 네 뒷모습이 어른거린다
戰爭이 너를 데리고 갔다 한다.
내가 갈 수 없는 그 가물가물한 길은 어디냐
안개와 같이
끝내 뒷모습인채 사라지는 내 그리운 것아
싸늘하게 타는 램프
싸늘하게 흔들리는 내 그림자만 또 남는다
어느새 다시 오는 밤 검은 窓안에—
(1956)

이 시를 통해 작가는 전쟁의 폐허를 그의 사랑의 빛(램프)으로 비추고 있다. 물론 여기서 램프란 절망과 암흑 속에서도 처량하게 비추는 소생의 의미를 상징하는 표현이다. 시인의 진실한 사랑은 전쟁의 상처를 입고 불안에 떨고 있는 이들에게 마음의 위안이 되는 작품으로 승화했다. 그래서 시인은 "램프를, 그 따뜻한 것을 켜자"라고 외친다. 하지만 시인이 숨결로 언 볼에 호호 불 때 시인은 전쟁의 포연 속에서 사라져간 사람들을 생각한다. 시인도 이미 전쟁의 상흔을 입은 몸이다. 결국 이 시는 비극적 서정을 시적의 힘으로 극복하려고 한, 인간의 슬픔을 나타냄과 동시에 광명을 갈망하는 내면의 염원을 '램프'로 상징한 것이다.[4)]

램프의 시(5)

—내 更生의 등불인 아내 秋姙에게

하루해가 끝나면
다시 돌아드는 남루한 마음 앞에
조심된 손길이
지켜서 밝혀놓는 램프
유리는 매끈하여 아랫배 불룩한 블류움
시원한 석유에 심지를 담그고
기쁜듯 타오르는 하얀 불빛!
—쪼이고 있노라면
서렸던 어둠이
한켜 한켜 시름없는 듯 걷히어간다

---

4)정한모·김용직, 앞의 책, 869~870쪽

아내여 바지런히 밥그릇을 섬기는
그대 눈동자 속에도 등불이 영롱하거니
키작은 그대는 오늘도
생활의 어려움을 말하지 않았다
얼빠진 내가
길 잃고 먼 거리에 서서 저물 때
저무는 그 하늘에
호 호 그대는 입김을 모았는가
입김은 얼어시 뽀얗게 엉기던가
닦고 또 닦아서 티없는 등피!

세월은 덧없이 간다 하지만
우리들의 보람은 덧없다 말라
굶주려 그대는 구걸하지 않았고
배불러 나는
지나가는 동포를 넘보지 않았다.
거리에
동짓달 바람은 바늘 같이 쌀쌀하나
우리들의 밤은
조용히 호동그라니 타는 램프!
(1954년)

"6.25동란 후, 피난지로부터 서울로 돌아온 작자의 생활은, 누구나 그러했겠지만, 더욱 비참했읍니다. 날이 날마다 발이 닳도록 직장 구하러 다녔읍니다만, 적당한 자리가 없고 실의(失意)와 번

민으로 전전했읍니다. 그때에 힘이 된 것은 단 하나, 저녁이면 램프불이나마 밝혀 놓고 기다리고 있을 아내 그니였읍니다. 그런 아내에게 대한 미안한 생각과 작자 자신도 포함해서 그녀에게 대한 복비치는 연민(憐愍)의 정으로 해서, 거의 계절로 이루어진 것이 이 시입니다."[5)]

시는 생활 속에 있고 생활 속에서 시를 느낄 수 있다는 것은 실로 이 분의 높은 심정을 의미한다. 길가의 이름 없는 잡초도 견디지 못하는 끈질긴 생명이 머무는 곳이 있다. 그 뿐만 아니라 지나가는 바람 속에서도 생명의 고동과 생활의 환호를 들을 수 있다. 삶의 끝에 한 줄기 빛이 되어 램프가 켜지는 가난하고 고독한 삶이다. 물론 우쭐하거나 거만해지는 것은 아니다. 조용히, 그러나 강인한 의지를 가지고 불타고 있다. 이 램프가 영위하는 생활, 바로 이것은 이 시를 쓴 사람의 생활 그 자체인 것이다.

시집 『사랑과 미움의 詩』(1957년)의 출판 전후 5~6년 동안 저자의 시는 매년 문예시평에 거론돼 호평을 받았다. "시인의 솔직한 시작 태도, 평이한 언어 구사" 특히 "유정씨의 완숙에 가까운 시형의 전개와 운율이 만드는 아름다운 '멜로디'는 많은 노력의 결과를 보여준다. 유정씨의 「램프의 시」는 램프처럼 가난하고 고독한 생명의 시다. 고독과 가난에 시달리기만 했던 시인의 심정과 삶은 이 시 속에 확연히 드러난다. 소박한 시적 분위기 속에서

---

5) 유정 편저 『어머니의 讚歌』(담수사, 1978) p.112.

치밀한 언어의 기교가 엿보이며, 부드러운 심정의 여운을 느낄 수 있는 좋은 시다. 시 「형제」는 "눈물겹도록 처참한 우리 현실의 상징이다. 언어를 다루는 솜씨가 제법 능숙한 시인이다. 이런 부분이 있다. 〈이 밤 또 그대는 어느 山 窟속에./나는 여기 地雷原의 壕속에/서로 외로 누운채 쳐다보는/南北 하늘위에 펼쳐진 별, 별은/너무나 총총하여 땅위는 춥고나!〉 우리의 뇌리에 오래 남을 말이 아닌가. 유정 시집 『사랑과 미움의 詩』는 역시 유정씨의 전란 이후의 작품 중심으로 엮은 책으로 우리 시단의 큰 수확이다. 보다 직접적인 현실 파악 자세를 보여 준다. 이 시인은 그 특이한 시법으로 현실을 노래하고 있다. 생활과 체험 위에 기반을 둔 생생한 소재, 율동적인 어휘의 구사로 한층 리얼하게 형상화하고 있다. 현실과 사회를 노래함에 있어서도 조금도 노호하지 않고 격정을 침전시켜 조용히 작품화시키는 그의 시법은 우리 현대시의 좋은 반성 자료를 암시해 준다고 말할 수 있다.

사치도 모르고 겸허하고 평민적인 유정씨는 언제나 조용한 곳에 자신을 숨기고 있다. 이채를 발하지 않고 어디까지나 평이한 시어 구사로 존재감 있는 배경을 이루며 머릿속에 깊이 스며들어, 두 번 세 번 아니 몇 번을 읽어도 지루함을 느끼게 하지 않는다. 오히려 이전에는 알지 못했던 새로운 맛을 느끼게 해준다. 어디가 이렇다라고 할 수 없는 전체적인 균형과 압축된 언어의 탄력성, 평이하면서도 주옥같이 우리 고유의 어휘를 다듬어 우리 시단의 결백한 경지를 고집하고 있다. 그의 체구에서 나오는 은밀한 멋,

찌꺼기 없는 순수 분자로만 구성된 듯이 전체적인 조용한 균형미에서 오는 온화감이 고스란히 작품에 구현되어 있다. 예를 들면 「램프의 시」에서는 다른 누구도 시험할 수 없는 은근한 맛을 느낄 수 있어, 무게감과 마찬가지로 유정씨를 높이 평가하지 않으면 안 되는 것이 언뜻 보기에는 부드럽게 보이지만 내면적으로 강인한 시의 정신이 우리를 강렬하게 자극하고 있다는 사실을 숨길 수 없다. 어디까지라도 주의 깊고 겸손하게 화목한 가정으로 독자들을 안내하는 이 작품은 발표되자 말자 최우수작으로 꼽혔을 정도다. 그가 가고자 하는 길은 늦가을에 쓸쓸히 피어나는 국화꽃 향기처럼 화려하지는 않지만 은근하고 옷깃을 여미게 하고 주의 깊은 사고를 우리에게 요구한다. 그 여운은 오래도록 남을 것이며 결코 사라지지 않을 것이다.

그러면 1950년대 시인들 중에 유정은 어느 위치를 차지하는가이나, 필자는 앞에서 인용한 박재삼 부근에서 그 시의 유사성을 본다. 시인으로써 박재삼의 탁월한 점은 음조가 돋보인다는 것이다. 박재삼은 한국어를 의미 개념만을 맞춰 사용하는 것이 아니라 그 감동에 걸맞게 리드미컬하게 구사한다. 시는 산문과는 달리 음률과 운의 구성을 아름답게 조합하는 것이 생명이다. 김소월과 정지용, 김영랑, 그리고 서정주는 시를 쓰면서 음률과 운의 미학에 시달렸다. 그런데 그 후배들에 이르러서는 거의 모든 시가 어휘의 의미 개념에만 치중하는 산문시로 흘러갔다. 리듬의 중요성을 처음부터 깨달은 시인은 드물다. 그러나 박재삼이나 유정이 중요한 것은 무엇보다도 이들이 슬픔을 아는 시인이었다는 점이다. 모름

지기 시인이란 남의 고통을 대신 한탄할 줄 아는 사람이어야 한다. 박재삼과 유정도 평생 가난하고 힘든 생활을 했다. 그러나 이들은 자신의 슬픔에만 묻히지는 않았다. 앞서 말한 유정의 시와 박재삼의 「울음이 타는 가을江」을 보면 그들은 간절히 원하는 바를 이루지 못하는 모든 이를 대신하여 울고 있다. 이처럼 슬픔이라는 삶의 근원적 정서에 한국적 애증의 세계를 절제된 음조로 실어 그 속에서 삶의 예지와 감동을 전하고 있다. 1950년대 주류였던 모더니즘 시의 관념적이고 이국적 정취와 달리 한국어에 대한 친화력과 재래식 정서에 대한 강한 애착을 보인 이들의 시는 전후 서정시의 중요한 한 부분을 이루는 것으로 평가된다.

4

마지막으로 평론가·일본문학 연구자 및 번역가로서의 활동에 대하여 말하고자 한다. 뒤에 주요한 평론 및 번역 일람표를 실었으니 그것을 참조하기 바란다. 평론 활동은 6.25동란 후에 문예지가 조금씩 나오기 시작한 때였는데, 《문학예술》, 《현대문학》, 《자유문학》, 《문학사상》 등이 주된 무대였다. 그 중에서 주목할 만한 것은 고향이 같고 선배이자 오랜 벗인 함북 경성 출신의 김종한, 함윤수를 평한 「好漢 孤獨 김종한」, 「咸允洙 詩選 발문」과 이용악을 평한 「암울한 시대를 비춘 외로운 詩魂」 등이다.

또한 1970년대 후반부터 《문학사상》에 많은 평론과 번역을 발표하기 시작했는데, 그 중에서 李箱의 일본시를 번역하여 소개한 것은 이상을 이해하는 데 큰 도움이 됐고, 1980년대 후반부터는 오늘날 일본의 대표 작가인 무라카미 하루키〔村上春樹〕의 작품을 본격적으로《문학사상》에 소개하기 시작하여 많은 작품을 문학사상사를 통해 출판했다.

유정 시인이 쓴 논문「偏見의 문학적 발상 과정」(1979)은 시인인 요사노 뎃칸〔與謝野鐵幹〕의 한국에서의 행적을 추적해서 고찰한 글이다. 뎃칸은 1895년 역시 시인이며 조선사와 조선어 학자였던 아유카이 후사노신〔鮎貝房之進〕, 1894년 도한)의 초청으로 조선에 건너가 민비 살해 사건에 관련하여 아유카이와 함께 7개월 동안 목포에 잠복해서 한일합병의 배후에서 암약한 인물이다.

또 번역 작품으로 중요한 것을 열거하면, 먼저 1969년에 낸 노벨문학상 수상자『가와바타 야스나리(川端康成) 전집』(전6권)을 기획하고 공동 번역한 것을 들 수 있다. 1975년에는 일본 고전소설의 대표작『겐지이야기(源氏物語)』를 한국에서는 처음으로 번역했고, 이 번역은 당시 번역문학상에 최종후보에까지 올랐으나 수상하지 못했다. 그 이유는 당시 아직 일본 기피 사상이 지배적이었기 때문이라 한다(심사위원의 한 사람인 백철 씨의 이야기). 특기해야 할 작업은『현대일본시집』(일본어 대역, 전4권, 1984~1985년)이다. 이 작업은 시의 번역은 역시 시인이 하는 것이 최고라는 느낌을 주는 것으로, 옛날 시인이자 수필가인 김소운이 번역한 것으로 명역으로 평가받는『朝鮮詩集』(1943년, 1953년)을 방불케 하는 뛰어난 번역시집이다. 이 번역시집은 1977년에 번역만 모아서『일본근대대표시선』,『일본현대대표시선』으로 증보(85

명, 520편)되어 많이 읽혀졌다.

유정은 잡지와 단행본, 논문집에 발표하였던 연구를 다음과 같이 정리한다.

발문, 평론, 논문

•『咸允洙詩選』 跋(中央文化社, 1965)

•「암울한 시대를 비춘 외로운 詩魂」(『李庸岳詩全集』 발문, 창작과 비평사, 1988)

•「우리 現詩壇의 諸傾向(上)」(《自由文學》 1957. 6)

•「출판 기념회와 꽃다발과」(《文學藝術》 1957. 10)

•「新味·깊이·재미」(《文學藝術》 1957. 10)

•「詩人이 된 動機와 理由」(《世界日報》 1959. 3. 9)

•「好漢孤獨 金鍾漢」(《現代文學》 1963. 2월호, 88호)

•「북쪽에 띄우는 첫 사연」(《北韓世界》 20호, 1989. 2)

•『現代日本詩集, Ⅰ·Ⅳ』 머리말, 現代日本詩史Ⅰ·Ⅳ 해설(探求堂, 1984. 3. 5)

•「女性代名詞 〈그녀〉에 대한 考察·한국어 造語에 있어서의 일본어의 간섭」(『수도여자사범대학 논문집』, Vol. 7, 1978)

주요 번역 작품 목록

•林鍾國 편 『李箱全集』 중 「烏瞰圖」 외 8편, 「異常한 可逆反應」 외 6편(文成社, 1966)

•柳周鉉 『朝鮮總督府』 전3권(東京 講談社, 서울 三省出版社

동시 출판, 1968)

• 陳舜臣 『阿片戰爭』 전5권(三省出版社, 1968)

• 『川端康成全集』 전6권, 기획·공동 번역(서울 新丘文化社, 1969)

• 『겐지(源氏) 이야기』 번역·해제(서울 乙酉文化社, 1969)

• 金玉均 「梅花 한 잎 지다」《文學思想》(文學思想社, 1977. 4)

• 古山高麗雄 「매미의 追憶」《文學思想》(文學思想社, 1978. 9)

• 吉田精一, 奧野健男 『現代日本文學史』(正音社, 1984. 3)

• 金鶴泳 「끌(鑿)」《文學思想》(文學思想社, 1978. 9)

• 村上春樹 『상실의 시대』(文學思想社, 1989. 6)

• 村上春樹 『댄스, 댄스, 댄스』(文學思想社, 1989. 12)

• 村上春樹 『村上春樹短篇傑作選』(文學思想社, 1992. 11)

• 村上春樹 『村上春樹短篇小說選』(文學思想社, 1996. 6)

• 對譯 『現代日本詩集』Ⅰ·Ⅳ, 전4권(탐구당, 1984. 3. 5) 64명 500여 편 수록

• 『일본근대대표시선』, 『일본현대대표시선』(창작과 비평사, 1997) 85명, 520여 편 수록

유정의 생애와 작품 연보

자유신문 기자 시절의 유정 시인(1954년 무렵)

▲ 자유신문 기자 시절(1954년 10월 대구에서)

▲ 유광렬 선생(오른쪽)과 신신백화점 앞 양지다방으로 가면서(1956. 7. 9)

▲ 노천명 시인 장례식을 마치고 왼쪽부터 시인 김수영, 김요섭, 유정, 소설가 박연희(1957년 6월, 중곡리 천주교 묘지에서)

▲ 오른쪽부터 유한철 영화인, 이봉래 소설가,
박인환 시인(1955년 무렵)

명동 청동다방 근처 공초 오상순 ▲
시인과 이정호 시인(1956)

◀ 고원 시인과 함께

▲ 예술신문사 사장실에서(뒷줄 왼쪽부터 김종문 시인, 오른쪽 끝 유정 시인, 앞줄 왼쪽부터 임화수, 안익태, 유치진 극작가)

◀ 예술시보 편집국장 시절 오른쪽에서 두 번째가 유정, 배우 김승호, 조찬선 기자와 함께(1960)

왼쪽부터 최광렬, 유정, 서정욱씨와(1967. 5. 25) ▲

전우신문 편집실에서 왼쪽에서 두 번째가 유정 시인(1967. 6) ▼

▲ 김수영 시인 1주기(도봉동 묘소 옆에 시비 건립을 마치고 월탄 박종화, 조연현, 정한모 제씨 등과, 뒷줄 왼쪽에서 여섯 번째가 유정 1969, 6. 16)

▲ 극작가 김진수 묘지 앞에서 조병화 시인, 문우들과(뒷줄 맨 오른쪽이 유정 시인)

▲ 동화통신사 시절(뒷줄 왼쪽부터 김요섭, 최광열, 서상규, 유정 시인, 앞줄 왼쪽부터 이갑수, 신동집 시인, 한 사람 건너 오정환), 1960년 무렵

『성북동 비둘기』 출판기념회에서(왼쪽부터 이인석, 김광섭 시인, 유정, 박용숙(1970. 5) ▶

▲ 경성고보 졸업앨범에서(1941)

▲ 전우신문사 기자 시절 (1963년 무렵)

▲ 1970년 초반

▲ 1980년 초반

▲ 자유신문 문화부장 시절 아내 오추임과 종로구 팔판동 자택 앞에서(1956년 겨울)

국민학교에 입학한 장남 유민과 함께(1963년) ▶

▲ 전우신문 문화부 시절 옥상에서 아들 민과 함께, 연기가 나는 뒷 건물이 옛 중앙일보사 사옥(1966. 12. 24)

▲ 예산 수덕사 일주문 앞에서 아들 민과 함윤수 시인과(1960년 중반)

맹장염 수술을 받고 퇴원하는 아들 민과 함께(1967) ▼

▲ 수도여사대 일문과 시절, 딸 수연과 함께 (1970년 중반)

▲ 아들 유민의 군 입대를 앞두고(왼쪽부터 유정, 딸 수연, 아내 추임, 아들 민, 1977. 6. 5)

▲ 큰 손녀 아영(왼쪽) 생일날, 오른쪽이 둘째 손녀 지영(1993. 6. 29)

▼ 손녀들과 즐거운 줄넘기놀이 삼매중(1992년 여름)

둘째 손녀 지영이와
함께(1994) ▶

가족들의 남산 나들이길(1993. 1) ▼

아내의 권사 임직을 마치고 가족들이 모여서(1996. 2. 4) ▲

장남 가족(유민, 곽진숙, 아영, 지영, 2013) ▼

▲ 시집 『사랑과 미움의 시』, 신구문화사 엔솔로지 『한국전후문제시집』, 『52인 시집』

▲ 『내 가슴에 뜨거운 카네이션은』

▲ 『일본근대 대표시선』

▲ 『상실의 시대』

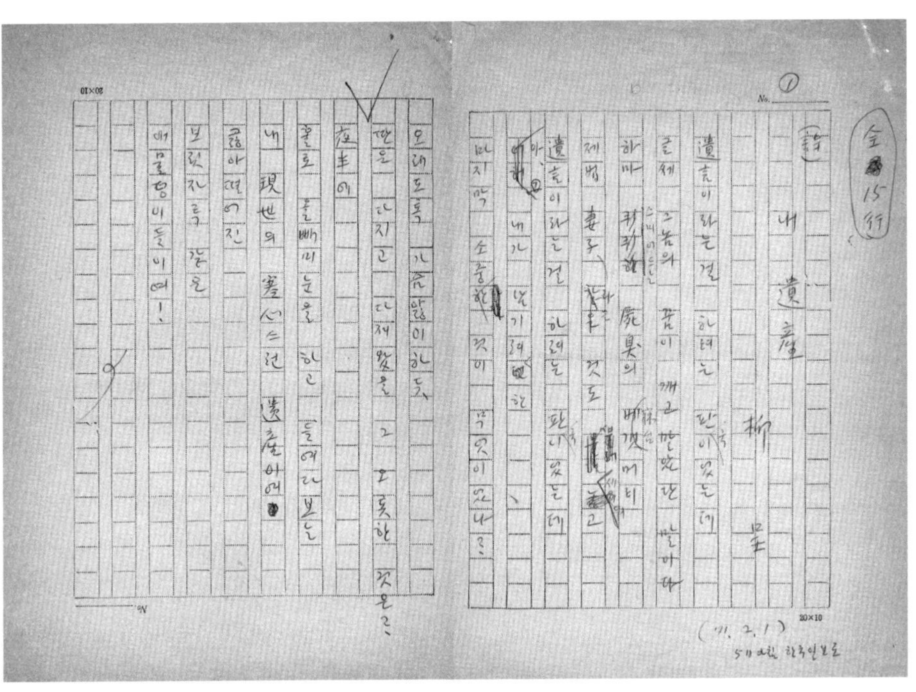

▲ 유정 시인의 육필 원고

유정 연보

1922년 11월 3일

함경북도 경성군 경성면 수성동 294에서 토건업을 하던 아버지 유형중(柳衡重)과 어머니 정성녀(鄭姓女) 슬하에 6남1녀 중 막내로 태어나다.

1936년(14세) 3월

경성공립보통학교(초등학교)를 졸업하다.

1939년(17세) 여름

경성공립고등보통학교(중학교) 졸업을 앞두고 봄에 일본 도쿄로 건너 가다. 화가인 흐치가미〔淵上〕 선생을 만나 그림을 배우는 한편 문예지 《문예수도》와 《와카쿠사(若草)》에 시를 투고하다. 17세 때 《若草》에 「소년 연모」를 처음으로 발표하다. 이 무렵 일본 유학 중이던 고향 선배 김종한 시인의 편지를 받았고, 겨울에 이용악 시인을 하숙집에서 처음 만났다.

유정 시인의 문학적 스승으로 서신을 주고받던 호리구치 다이가쿠〔堀口大學〕의 촉망을 받아 한 때 그의 집에서 기거하기도 하였다.

1941년(19세) 3월

경성중학교 2학년 때 《문예수도》와 《와카쿠사(若草)》에 투고한 시가 당선되어 호리구치 다이가쿠의 추천으로 일본어 시집 『春信(봄을 향하는 노래)』을 교토 시라이서방(白井書房)에서 간행하였다. 호리구치는 시집 서문에서 "동세대의 젊은 시인들 가운데 유군은 일본어의 새로운 가능성을 보여준 우리들의 희망이다"라고 칭찬하였다. 또한 단가집 『傷魚集(상처받은 물고기)』도 지카자와 서점(近澤書店)에서 같은 시기에 간행되었다.

1943년(21세) 9월

동경 일본대학 예술학부 전문부 창작과를 졸업하고, 상지대학(上智大學) 문학부 철학과에 입학하였으나 전쟁이 치열해지자 1944년 7월에 1년만에 중퇴하다.

1944년(22세) 7월

일제 말기 징집을 피하여 유정은 고향에서 임시교원으로 지냈다. 이때 함북 성진(城津) 출신인 김기림(金起林)이 마침 경성중학교에서 영어·수학을 가르치고 있어서 가까이 교제하며 해방 때까지 문학적 토론을 하였다고 한다.

1946년(24세)

공산 치하를 벗어나 단신 월남하였고, 이후 고향의 혈육들과 영원히 이별하다.

1947년(25세)

서울 삼중당출판사 문예부장으로 근무하다.

1950년(28세) 여름

종로에 있던 '조선문학가동맹' 사무소에서 의용군에게 강제 연행되어 북으로 끌려가던 도중 황해도 해주 인근에서 UN군의 포로가 되어 거제도 포로수용소로 보내졌다. 11월경 김수영 시인을 거제도 포로수용소에서 운명적으로 만났다.

1952년(30세)

12월초부터 1953년 2월말 사이에 김수영은 영어가 능하여 미군야전병원 외과원장의 호의로 석방되었다. 유정도 1952년 3월에 시 「소곡」이 〈대구일보〉에 실렸기 때문에 비슷한 시기에 석방되었을 것으로 추정된다.

1953년(31세)~1965년(43세)

유정은 그 후 몇 군데의 신문사, 통신사 등을 거쳐 자유신문사, 중앙일보사 문화부장, 동화통신사 기획위원, 국방부 정훈국 전우신문 편집위원, 시사통신사 편집위원 등을 두루 거쳤다.

1954년(32세) 가을

오추임(吳秋姙)과 결혼하다.

1956년(34세) 12월

장남 민(敏) 태어나다.

1957년(35세) 11월

시집 『사랑과 미움의 詩』(4×6판, 88쪽, 양장본)가 서울 홍자출판사에서 발간하다.

1964년(42세) 5월

장녀 수연(秀硏) 태어나다.

1974년(52세) 3월~1981년(59세) 3월

수도여자사범대학(세종대학 전신) 일본문학과 교수로 취임하다. 1981년 3월 수도여자사범대학을 퇴직한 뒤 인하대, 한양대, 건국대, 성신여대, 인천대 등 여러 대학에서 일본문학을 가르치는 한편 『일본근·현대대표시선』(창작과비평사), 『겐지이야기』(을유문화사) 등 일본문학 번역가로 널리 활동하였다. 1989년 '유유정' 이란 필명으로 번역한 무라카미 하루키의 『상실의 시대』(문학사상사)가 낙양의 지가를 올리며 최고의 베스트셀러로 자리잡았다.

1999년(77세) 1월 19일

노환으로 별세하다.

2024년 4월

탄생 백주년 기념 유정 시전집 『램프의 시』가 대구 만인사에서 발간하다.

유정 작품 연보

(작품 발표순)

시	발표 지면	발표 일자
兄第	『사랑과 미움의 詩』	1957. 11. 30.
꽃새암	《자유문학》	1956. 8.
	『사랑과 미움의 詩』	1957. 11. 30.
最後의 꽃	『사랑과 미움의 詩』	1957. 11. 30.
	『한국전후문제시집』	1964. 10. 30.
朴寅煥 挽歌	《現代詩》 제1집	1957. 9.
	『사랑과 미움의 詩』	1957. 11. 30.
보오드레에르	『사랑과 미움의 詩』	1957. 11. 30.
	『한국전후문제시집』	1964. 10. 30.
램프의 詩(五)	『사랑과 미움의 詩』	1957. 11. 30.
	『한국전후문제시집』	1964. 10. 30.
警告者	『사랑과 미움의 詩』	1957. 11. 30.
램프의 詩(三)	『사랑과 미움의 詩』	1957. 11. 30.
시	『사랑과 미움의 詩』	1957. 11. 30.
	『52인 시집』	1967. 1. 30.
鍾路醉歌	『사랑과 미움의 詩』	1957. 11. 30.
	『52인 시집』	1967. 1. 30.
冠帽峰 아랫마을	『사랑과 미움의 詩』	1957. 11. 30.
램프의 詩(一)	『사랑과 미움의 詩』	1957. 11. 30.

시	발표 지면	발표 일자
깨어진 房	『사랑과 미움의 詩』	1957. 11. 30.
	『한국전후문제시집』	1964. 10. 30.
少年戀慕	『사랑과 미움의 詩』	1957. 11. 30.
女人微笑	『사랑과 미움의 詩』	1957. 11. 30.
조그마한 무덤 앞에	《현대여성》	1954. 7.
	『사랑과 미움의 詩』	1957. 11. 30.
紅顏의 아침	『사랑과 미움의 詩』	1957. 11. 30.
	『52인 시집』	1967. 1. 30.
진눈깨비	『사랑과 미움의 詩』	1957. 11. 30.
가는 봄	《實話》	1955. 6월호
	『사랑과 미움의 詩』	1957. 11. 30.
小曲	《대구일보》	1952. 3월
	『한국전후문제시집』	1964. 10. 30.
가슴에 이는 불	《학생월보》 제2호	1947. 5. 30.
할렐루야	《연합신문》	? 5월
初冬의 노래	《대구일보》	1953년 12월
訪問者	《민병순보》	1954. 9. 10.
	『한국전후문제시집』	1964. 10. 30.
아베 마리아	《詩作》 제2집	1954. 7. 30.
검은 재	《평화신문》	1954. 10. 10.
비밀한 日課	《京鄉詩苑》	1955. 3. 9.
검푸른 물	《學園》	1955. 7.
六月 하늘 밑에서	《제일신보》	1954. 6. 28.

시	발표 지면	발표 일자
초여름의 하늘 밑에서	《코메트》	1959. 8.
傷春童歌	《중앙일보》	1956. 5. 11.
休息	《조선일보》	1958. 8. 22.
없을 보람의 노래	『한국전후문제시집』	1964. 10. 30.
聖夜	《國際評論》 창간호	1959. 2. 10.
異邦人	『52인 시집』	1967. 1. 30.
오오 四月에	《코메트》	1960. 10월호
콩나물	《현대시학》	제5호 1966. 6.
悲鳴	《동아일보》	1960. 4. 8.
落榜한 少年의 獨白	《한국일보》	1967. 12. 19.
金洙暎의 屍身 옆에서 부른 哀歌	《한국시선》	1968. 10.
내 遺産	《한국일보》	1971. 2. 1.
살아남기	『신춘신작시 117인집』	동서문학, 1986.
이십오년 만의 시	미발표	
국회 옆에서	《주간조선》	1990. 3. 5.
삼십년 만에 다시 쓰는 시	《창작과비평》	1991. 가을호
숨어서 우는 새	《창작과비평》	1991. 가을호
활극	《창작과비평》	1991. 가을호
새와 詩人	미발표	
세상에 가엾은 存在	미발표	
개구리 소리 듣는 밤	《어린이 나라》	1949. 7.
아가 가는 길	《새교육》	1958. 9월호
유민에게	미발표	
亡鄕	유고시	

산문	발표 지면	발표 일자
시인이 된 동기	《세계일보》	1959. 3. 9.
미친 놈의 잠꼬대	『52인시집』	1958. 2.
대화	『한국전후문제시집』	1964.
광기의 시절을 넘어서	《문학사상》	1989
호한고독 김종한	《현대문학》	1963. 2.
암울한 시대를 비춘 외로운 시혼	『이용악시전집』	1988. 6.
북쪽에 띄우는 편지	《北韓世界》 20호	1989. 2.
출판기념회와 꽃다발과	《文學藝術》	1957. 10.

장남 유민이 그린 아버지 초상

|발문|

아버지의 추억

오랜만에 성동구 금호동 옛 동네를 들러 보았습니다. 지금은 아예 터가 없어지고 아파트만 숲처럼 높이 들어서 있었습니다. 그래도 동네 시장은 여전하여서 어릴 적 아버지의 친구분들이 오시면 막걸리 받으러 갔던 구멍가게에 대한 기억은 그대로 살아있습니다. 아버지의 유고 글들을 만지다가 마른 나뭇잎에 아버지와 제 이름을 적어 고이 묻어두었던 것을 몇 십년이 지나 발견하곤 아버지의 손을 잡듯 쓸어안았습니다. 당시 한강 옆을 흐르던 좁은 샛강은 지금은 압구정 빌딩 숲에 묻혀 사라져버렸습니다.

그러나 저에게는 소중한 아버지와의 추억이 남아있는 곳입니다. 시장에서 콩다발을 사서 모래에 묻고 불을 붙여 구워먹고, 송사리를 잡던 그 시절은 이제 압구정의 높은 건물들 지하로 사라져 버렸습니다.

아버지께서는 작아도 개인주택을 선호하셨습니다. 그래서 어린 시절 우리 집에는 항상 등나무가 무성했습니다. 짜장면을 배달시킬 때에는 '등나무집'으로 통했습니다. 아버지와 저는 그 밑에 평상을 두고 누워서 책읽기를 좋아했습니다. 목공소에서 나무를 사와 평상과 등나무 지지대를 아버지와 함께 만든 후 "수고한 뒤의 막걸리 한 잔"을 맛 보라고 건네주시던 기억이 생생합니다.

■북녘 풍경

아버지의 낡은 책상 옆에는 출처를 알 수 없는 풍경 사진이 걸려 있었습니다. 어떤 잡지에서 오리신 것을 작은 액자에 담아 책상 옆에 고이 걸어 놓으신 것입니다. 평소에 꽃과 산을 좋아하셨고, 흔한 풍경 사진이었기에 가족 중 누구도 큰 관심을 갖지는 않았습니다. 훗날 다시 여쭈어 보았을 때 그 풍경 사진이 바로 아버지의 고향인 함경북도 경성의 남대천과 흡사해서, 직접 그 곳의 사진을 구하지는 못하셔도 잡지에서 오려 보관하셨던 것임을 알게 되었습니다. 그 사진 외에는 북녘 가족에 대한 이야기를 잘 하지 않으셨습니다. 다만 추석날이면 소주를 한 병 사 오셨고, 얼큰하게 취한 상태에서 어머니와 이유 없이 다투셨습니다.

그때만해도 저는 그것이 고향에 대한 아버지의 그리움 표시라는 것을 미처 알지 못했습니다. 다만 추석날이 생일이신 어머니에게 굳이 화를 내는 아버지가 미웠을 뿐이었습니다. 북녘에 관한 이야기는 거의 하지 않으셨지만 북녘 시인 이용악에 대한 이야기는 가끔씩 들려주셨습니다. 이용악이 얼마나 아버지를 좋아했던지, 또 아버지께서 이용악을 얼마나 존경했는지 알려주시곤 했습니다. 그래서 우리 집에는 이용악 시인에 대한 글과 책들이 제법 남아있습니다.

■문인들의 추억

시인으로서 사신 생활은 무척 어려웠습니다. 당시 대부분의 문인들이 그랬겠지만 아버지는 신문사의 문화부장으로 근무하시면서 틈틈이 번역일을 하셨습니다. "네 아버지가 정말 글재주가 있다. 아름다운 언어를 구사하신다"라고 어머님은 늘 말씀하셨습니다. 정작 아버지는 말씀이 없으셨지만 오히려 어머니가 안타까와하며 북에서 오셨기에 문단에서 소외를 당하신다고 불평을 털어내곤 하셨습니다. 아버지는 일상의 모습을 아름다운 언어로 엮어내는 탁월한 서정시인이셨습니다.

당시 문인들의 삶은 어린 제가 느끼기에도 무척이나 어려웠습니다. 그래도 문인들끼리 의기투합하여 친구의 집에 쳐들어가 약주 한 잔 나누는 것이 일종의 풍습이었던 것 같습니다. 어머님에 따르면 언젠가 너무나 생활이 어려워 꼭 밥 한 공기 지을 만큼 쌀을 모아 아버지의 퇴근을 기다렸는데 갑자기 친구들 여러분을 모시고 와 호기 있게(아마도 사실은 어머니의 눈치를 보면서), 안주거리를 가져오라는 아버지의 말씀에 부뚜막에서 쪼그려 우셨다는 말씀을 하셨습니다. 그만큼 문인들에게는 힘든 시기였지만 오히려 그런 배고픔이 문인들의 시상을 더욱 풍부하게 해준 것 아닌가 싶습니다. 그래서인지 아버지의 시에는 생활에서 묻어나는 절절한 글귀가 가득합니다. 「램프의 시」는 이런 일상을 배경으로 탄생한 시입니다.

어머님이 편하게 대해 주셔서인지 우리 집에는 아버지 친구 문인들이 자주 오셨던 것 같습니다. 대동아전쟁 라디오 드라마를 연재하신 이호원 아저씨, 전우신문사의 마욱 아저씨, 소설가 김중희 씨 등은 노년에 죽마고우가 되어 같은 동네에 사셨습니다. 시인 함윤수 아저씨랑 수덕사에 놀러갔던 일, 마포의 김수영 아저씨 댁에 놀러가 그 집 아들 '우'와 야구를 했던 일, 아버지를 따라 《문학사상》이랑 《창착과 비평사》 등 여러 출판사를 들렀던 일들을 생생히 기억합니다.

시인 박재삼 아저씨가 유난히 발이 커 신발이 항공모함만 해서 어머니가 놀라시던 기억, 박인환 아저씨가 시집이 나왔다고 손수레에 담고 동네를 돌면서 시집을 나눠주었다는 이야기, 양명문 아저씨가 제 생일에 맞추어 글을 지어주신 것 등등 모두 당시의 숨겨진 이야기이자 저의 어릴 적 기억들입니다. 농민작가 유승규 아저씨, 이어령, 이봉래, 조병화, 김문수 등 많은 문인들이 저에게는 이제 아버지와의 추억 속의 어른들이 되셨습니다.

김수영 아저씨는 아버지의 제일 친한 친구였습니다. 교통사고 비보를 들은 그날 저녁은 저에게도 잊을 수 없는 밤이었습니다. 수영 아저씨가 원고료를 조금 받아서 함께 약주를 하시고 들어오셨는데 불과 몇 시간 뒤 비보를 접하신 겁니다. 아버지가 그렇게 엉엉 우시는 모습은 처음 보았습니다. 그때 쓰신 김수영 애도시 육필이 도봉구 김수영문학관 2층 맨 앞에 전시되어 있습니다. 그리고 그 슬픔을 감당하지 못하시고 거의 20여 년을 절필하다시피 하셨습니다.

■올곧은 성격, 호기심, 유머

아버지는 관료적인 것과 불편하고 거추장스러운 세상의 형식적인 것들을 무척 싫어하셨습니다. 수도여자사범대학(현 세종대학교) 내부 분규가 있을 때에도 다가올 불이익을 아셨지만 재단 편에 손을 들지 않고 올곧게 비리와 맞서셨습니다. 이로 인해 우리 가족은 아버지 말년에 경제적으로 매우 힘든 시기를 보내야 했습니다. 평소의 아버지는 자상하지만 고지식하고, 정해진 원칙의 선을 절대로 넘지 않으시면서도 유머가 넘치는 분이셨습니다. 사람은 큰 사람이 되려면 유머감각을 갖추어야 함을 늘 강조하셨습니다. 본인의 동작이 빠르지 못해서 저에게는 "빠르라"는 의미의 민첩할 '민(敏)' 자를 이름으로 붙여주신 것도 그런 맥락 중의 하나입니다. 그런 빠르지 못한 아버지가 거제도에서 수용 생활을 버텨내신 것은 친구인 김수영 아저씨가 함께 계셨던 덕분이 아닌가 싶습니다.

격의 없이 젊은이들과 어울리기를 좋아하셔서 친구들이 집에 오면 같이 대화해주셨고, 진취적이셨기에 제 친구들은 지금도 우리 아버지를 기억하며 저에게 대신 존경을 표시하곤 합니다. 구차한 체면치레를 싫어하셨고, 호기심이 많으셨습니다. 어린 제가 탈 자전거를 사 주시려고 종로에서부터 금호동까지 한 시간 넘게 소년용 자전거를 직접 타고 오시기도 했습니다. 또 모험심을 길러주시려고 저와 함께 한강변의 산을 등산하기를 즐기셨습니다. 초등학생이었던 저에게는 제법 위협적일만큼 충분히 높고 험한 지형의 산이었습니다. 출퇴근 때마다 동네 길을 바꾸면서 멀리 돌아가며 걸으셨는데 수시로 바뀌는 동네의 모습과 지나가는 사람들의 모습에서 새로운 호기심을 보이곤 하셨습니다. 지금의 제가 가지고 있는 지적 호기심과 진취성, 그리고 유머감각은 아버지로부터 물려받은 유산인 것 같습니다.

그 당시만 해도 해외여행이 자유롭지 못할 때인데 몇 년이 걸릴지 모르는 유학길을 떠난다고 집 대문을 나설 때 아버지는 잠시 방에 들어가 "유민에게"라는 글을 쓰시며 섭섭함을 달래셨고, 이는 후에 「살아남기」라는 시의 초본이 되어 《동서문학》에 실렸습니다.

아버지는 가족에 대한 사랑이 곡진하셨습니다. 1986년 6월 11일 낮에 쓴 엽서를 보면 지금도 가슴이 먹먹해집니다.

> 아영아! 그리운 녀석들아, 아범아, 에미야, 아영아!
>
> 오늘은 좀 긴 사연을 쓰련다. 이곳은 한양대학교 사범대학 강사휴게실. 오전에 4시간 강의를 마쳤고, 이제 2시간 기다렸다가 3시부터 2시간 강의, 다시 3시간 기다렸다가 강의 2시간을 하게 된다. 사흘 전에 받은 자네들의 편지를 가지고 와서 3번째로 되풀이 읽었다. 읽을수록 유래하기 그지 없구나.
>
> 아범아, 자네가 우리 아들이라는 사실이 자랑스럽기만 하구나. 매번 A학점 top을 차지한다니 얼마나 신명난 일이냐, 하지만 건강에 유념해야 한다. 체력이 지치지 않을 만큼만 노력해라.

박사 학위를 받고 유학길에서 돌아오자 너무나도 자랑스러워하셨고, 일부러 사람 많은 길에서 모두가 들으라고 몇 번씩이나

"유민 박사"라고 큰 소리로 부르셔서 저를 민망하게 만들곤 하셨습니다. 그래도 이제 아버지의 그 음성을 다시 한번 들을 수 있다면 소원이 없겠습니다.

■망향

저는 할머니, 할아버지에 대한 기억이 전혀 없습니다. 아버지께서 일본 유학을 마치시고 서울에서 직장 생활을 하실 때 6.25전쟁이 터졌기 때문입니다. 아버지는 평소 북에 대한 이야기를 잘 하지 않으셨습니다. 돌아가시기 바로 전에야 비로서 친가 가족의 계보를 써주시며 가장 친했던 조카 용이를 언급하셨습니다.

북에 대한 아버지의 숨은 속내음은 유일하게 남아있는 망향칼럼 「북쪽에 띄우는 첫 사연」에서 읽을 수 있었습니다. 아버지의 유고 원고들을 정리하면서 한 줄 한 줄, 한 단어 한 단어마다 그리움이 절절히 묻어나옴을 보면서 저는 이제야 망향의 아픔과 그리움을 읽어냅니다.

■결혼, 그리고 장례

아버지와 어머니는 6.25전쟁 직후 서울에서 만나셨습니다. 어머니는 고향 이천을 떠나 서울에서 직장생활 중이셨고, 아버지는 신문사 문화부장으로 근무중이셨다 들었습니다. 어머니는 인텔리이셨습니다. 글재주도 좋은 편이셨습니다. 어머니는 특히 아버지의 이북 사람 특유의 강인함과 서정적 글솜씨에 매료되셨다고 합니다.

폐허가 된 땅 위에서 두 분은 억척같이 가정을 일구어 내셨습니다. 아버지 싯구 중에 "굶주려 나는 구걸하지 않았고, 배불러 지나가는 동포를 넘보지 않았다"에서 보듯이 아버지는 고집스러울 정도로 강직하셨습니다.

그래도 어머님이 친구분들을 상냥히 대하셨기 때문에 제 기억 속의 우리 집은 가난 속에서도 오가는 문인들로 북적거렸습니다. 탈고하신 원고는 어머님이 꼭 살펴 읽으셨고, 그렇게 OK가 난 원고는 출판사로 전달되었습니다. 한기가 도는 거울날, 두꺼운 겉옷을 걸치시고 두 분이 원고를 나누어 읽으시던 모습은 지금도 제 마음을 따듯하게 녹여줍니다.

아버지는 매사에 자유롭고 열린 지성을 가지셨습니다. 당연히 무엇인가에 매이는 것을 매우 싫어하셨습니다. 아버지의 평소 뜻을 따라 장례는 자연장으로 모셨고, 북녘 하늘이 넘어 보이는 용미리 잔디밭에 어머니와 합장하여 뿌려 드렸습니다. 아버지 77세의 일입니다.

■손녀 아영이의 할아버지 추억

미국 시애틀에 사는 손녀 아영이가 지난 해 9월에 할아버지와의 추억을 담아 쓴 「나팔꽃과 거리」를 싣습니다.

할아버지 책상에 놓인 돋보기 아래에 파리 한 마리를 잡아 가둔 적이 있었다. 내가 일곱 여덟살 쯤이던 어느 해 여름의 일이다. 유년 시절, 매년 여름방학은 서울 할머니 할아버지댁에서 보내곤 했다. 대구에서 서울로, 때로는 새마을호를 타고 때로는 승용차를 타고 올라가는 것이 여름의 시작이었다. 할아버지의 서재에는 책들이 켜켜이 쌓여 있어 늘 오래된 종이 냄새가 났다. 책상 위에는 온갖 필기구와 원고지들이 가득했다.

할아버지는 거미에게 먹이를 주는 것이라고 하시며 파리를 잡아다가 마당의 거미줄에 올려 놓고는 하셨다. 거미는 징그럽다고만 생각했던 어린 나에게 그 모습은 신기하기도 하고 기이하기도 했다. 할아버지는 마당에 핀 나팔꽃들을 유난히 아끼셨는데, 바로 그 나팔꽃들 사이 사이로 늘 거미가 집을 짓곤 했다. 보통 사람들에겐 자신이 아끼는 꽃에 거미가 와서 늘 집을 지으면 거미줄을 치워버리는 것이 당연한 일이다. 하지만, 매일 매일 나팔꽃에 물을 주며 사랑을 주듯 그 나팔꽃에 거미줄을 치는 거미 역시 자연의 일부로 받아들이며 할아버지는 독특한 방식으로 사랑을 쏟았던 것 같다. 할아버지의 눈에는 아름다운 것도, 우리가 일반적으로 아름답다고 생각하지 않는 것도, 그저 함께 공존하는 세상의 조각들이었다. 그래서 나 역시 할아버지가 기뻐하지 않을까 생각하며 파리채로 파리를 잡아다가 할아버지의 돋보기 아래에 넣어뒀던 것이었다. 오늘날 나는 더이상 거미를 위해 파리를 잡지는 않지만, 할아버지처럼 책과 글을 여전히 사랑한다.

하루는 할아버지의 서재 한 쪽 끝에 앉아 나 역시 번역을 했던 기억이 있다. 내가 기억하는 한 할아버지는 늘 번역을 하고 계셨다. 그 날은 나 역시 『곰돌이 푸우』의 영어 원서를 읽으면서 할아버지처럼 원고지에 한국어로 번역을 해보고 있었다. 내가 고작 초등학교 이삼학년 때의 일이었을까. 어린 나는『곰돌이 푸우』책이 너무 긴데 도대체 언제 다 번역할 수 있을지 모르겠다고 했다. 그때 할아버지가 한 문장씩, 한 장씩 차근차근 하다 보면 한 권이 끝나 있을 것이라고 했던 기억이 난다. 그렇게 한 문장씩 차분 차분 글을 붙잡고 살았던 할아버지의 흔적은 우리 집 수많은 책들 속에 남아있다. 오래 된 시집 한 권에 적힌 짧은 메모들, 스크랩해 두셨던 신문 기사들과 거기에 달린 주석들, 그리고 밑줄 치신 글귀들.

그렇게 오래된 할아버지의 자료 중 하나가 바로《동서문학》에 실렸던 시「살아남기—먼 바다 건너간 유민에게」이다. 이는 1987년에 미국 유학 중이던 나의 아버지에게 할아버지가 썼던 시이다. 시 속에서 할아버지는 당시 30대 초반이었던, 지금의 나보다도 젊었던 우리 아버지에게 "우린 과연 살아남을 수 있을까? 그래 살아남아서 우리 무엇을 한담? 과연 무엇을?"하는 질문을 던지고 있다.

코로나를 겪은 우리 세대에겐 살아남는다는 것의 의미가 무엇인지 묻는 이 질문이 더더욱 남다르게 다가올 수밖에 없다. 인문학은 죽어가며 기후 변화와 바이러스가 인류를 위협하는 이 시기에, "우리는 살아남아 무엇을 해야할까. 아버지에게 할아버지는 이 세상이 너무나도 어두우니 너의 공부와 소명을 통해서 세상을 밝히는 한 줄기 빛이 되어야 한다"고 당부하셨다고 한다.

문학과 시에 평생을 바쳤던 할아버지의 이러한 발언은 이상주의적이라고 지적할 수도 있겠으나 나는 오히려 그것이 전쟁과 분단, 그리고 포로수용소를 거치면서 삶의 고통과 현실의 지난함 속에서도 램프의 불빛과도 같은 희망을 놓지 않은 담대한 소망이라고 생각한다.

얼마 전에 은퇴하신 나의 아버지는 삼십년 넘게 교육자로 일하시며 옥조근정훈장을 받으셨다. 아버지의 실험실을 거쳐간 제자들이 매년 홈커밍 행사를 통해 전국 각지에서 아버지를 찾아뵙는다. 할아버지의 말씀대로 아버지는 수많은 학생들에게 세상의 빛과 같은 스승이다. 부족한 나는 나만의 방식으로 어떻게 세상의 빛이 되어 살아갈 것인지를 고민하고 있다. 지금은 미술사학자로 미국에 살면서 할아버지처럼 글 쓰는 삶을 늘 한 켠으론 꿈꾸고 있다. 지난해 내가 살고 있는 도시에서 열린 시 응모전에 나의 시 몇 편이 당선되기도 했다. 시애틀의 인근 길거리에 그 시들이 새겨질 예정이다. 이민자로 살아가는 내가 이곳에서 어떠한 흔적을 남기며 살아갈 수 있을까 고민하는 요즘이다.

이북 출신으로 일본 유학생으로, 그리고 여생은 남한에서 이방인처럼 보냈을 할아버지. 그가 남한에 정착하여 가족을 이루고 이제는 그 자손이 미국에서 또 살아가는 우리 가족의 이민역사에 대해 생각한다. 우리 가족의 개인사이지만 또 그것이 우리의 서글픈 한국사의 얼굴과도 같다. 그렇다. 우리의 삶에는 나팔꽃도 있고 거미도 있다. 할아버지 삶의 굴곡은 내가 다 가늠할 수도 없고 이제는 더이상 직접 여쭤볼 수 조차 없다. 그러나 그 속에서도 꺼지지 않던 램프의 불빛이 오늘도 먼 타국에서 이어지고 있다. 언젠가 나의 아들들이 자라면, 너희들은 오래전부터 시작되어 온 불빛의 연장선이라고 말해줄 것이다. 할아버지가 들으시면, 한번도 직접 만나지 못한 증손자들을 향해 미소를 지을 것이다.

■시전집 발간의 의미

정신없이 살기도 바빴지만 벌써 돌아가신 분의 시를 모아 발간하는 것이 무슨 의미인가 하는 무지함 때문에 아버지의 주옥같은 서정시들을 출간하는 것이 늦어졌습니다. 많은 시들이 당시에는 신문이나 잡지에 발표되고 그냥 사라져버렸기 때문에 새로 모으는 것 조차 쉽지 않았습니다. 그러나 주변 여러분의 권고가 있었고, 그래서 아버지의 원고들을 재정리하면서 스크랩형식으로 모아진 글들을 다시 발간하기로 하였습니다. 이 시집이 한국 현대시 역사의 기록이 되어 가교를 놓기 바랍니다. 어떤 글들은 메모형식으로 적어놓은 시상, 혹은 패러디형식으로 기록된 짧은 글귀이지만 기억과 추억이란 의미에서 포함시키기로 하였습니다. 몇몇 옛날 표현으로 어색한 부분과 한자가 많은 부분은 수정하였습니다.

한국 역사 초창기에 활동하신 분의 오래된 시를 모으는 것이 무슨 의미일까라는 생각도 잠시 있었지만 그럴수록 한국현대시의 초창기 모습을 보여주는 아버지의 시가 높은 가치가 있다는 박진형 대표님(전 대구시인협회장)의 권고로 출판을 결정하였습니다. 대표님은 실제로 많은 시를 찾아내고 분석하고, 재조명하도록 권고해주신 고마운 분이십니다. 아울러 세리카와 선생님과 김수영 문학관 김은 주임께도 감사를 전합니다. 특히 세리카와 선생님께서는 어머니 생전에 우리 집을 자주 방문하시면서 자료들을 정리

해주셨고, 아버지가 일본에서 발표하신 오래된 시들도 여러 편 찾아내 주셨습니다. 또한 대학교수 시절 아버지와 함께 하셨던 생활들을 회상하여 주셨습니다. 갖은 노력에도 불구하고 초창기 몇 작품은 이미 종간된지 오래된 잡지에 실린 것이기에 아무리 노력해도 찾을 수 없어 못내 아쉬움이 남습니다.

아버지는 시인으로, 만년에는 일본문학 번역가로 평생동안 늘 원고에 묻혀 사셨습니다. 글을 쓰고 번역을 하고 생을 영위하셨던 일은 결코 쉽지 않은 뼈를 깎는 지난한 삶이셨습니다.

2022년 탄생 백년을 맞으셨던 아버지, 유정 시전집 『램프의 시』를 다시 찬찬히 읽어봅니다. 그리고 시마다 묻어있는 아버지만의 아름다운 서정적 느낌을 발견하면서 눈시울을 적십니다.

너무나 보고 싶습니다. 아버지.

2024년 3월에

아들 유민 삼가 적습니다.

|책 뒤에|

한 시대를 건너온 램프의 불빛

—편집자의 변

1

세상에는 불가해한 일이 다반사이다. 인연의 끈은 질기고도 질기다는 생각을 지울 수가 없다. 유정柳呈 시전집 『램프의 시』의 출간도 그런 일 가운데 하나이다.

시전집 『램프의 시』를 펴내는 편저자의 한 사람으로서 유정 시인과 필자의 만남에 대해서 간략하게 언급한다. 계명대학교 생물학과 유민 교수는 캠퍼스 커플인 아들 내외의 지도교수셨다. 나중에 안 사실이지만 유 교수는 유정 시인의 아드님으로 그 인연의 끈으로 유정 시전집 『램프의 시』를 만인사에서 출간하게 되었다.

내가 처음 유정 시인의 시를 발견한 것은 이십대 초반의 문청시절이었다. 마악 시에 눈 뜨기 시작하면서 풀방구리에 쥐 드나들듯 헌책방을 무던히도 돌아다녔다. 대구시청 옆에 있던 동서남북서점, 인심좋은 책방 주인은 도무지 책을 찾아주는 법이 없었다. 어른 키만큼 아무렇게나 서점 바닥에 쌓아둔 책더미에서 고분발굴하듯 책을 찾아내어야 했다. 나는 여기에서 신구문화사의 『한국전후시집』과 『52인 시집』의 보물을 찾아내었다. 두툼한 두 권의 앤솔로지에서 유정 시인의 「램프의 시」를 읽고 감격하였다.

〈날마다 켜지던 窓에/오늘도/램프와 네 얼굴은 켜지지 않고/어둑한 黃昏이 제 집인양 들어와 앉았다/피라도 보고 온듯 선득선득한 느낌/램프를/그 따뜻한 것을 켜자〉(「램프의 시(1)」 중에서)는 일제강점기와 6,25전쟁을 건너오면서 출구없는 암담한 조국의 현실을 밝히는 따스한 램프처럼 유정 시인의 시에서 수많은 사람들은 더없는 위안을 받았을 것이다. 또한 〈세월은 덧없이 간다 하지만/우리들의 보람은 덧없다 말라/굶주려 그대는 구걸하지 않았고/배불러 나는/지나가는 동포를 넘보지 않았다./거리에/동짓달 바람은 바늘 같이 쌀쌀하나/우리들의 밤은/조용히 호동그라니 타는 램프!〉(「램프의 시(5)」 중에서)처럼 '조용히 호동그라니 타는 램프!'의 감각적인 시는 나의 우울했던, 출구없는 문청시절의 추억을 애틋하게 환기시켜 주었다. 이 시전집을 다시 읽으면서 새삼 문청시절 유정 시에 매혹되었다는 것을 다시 고백해야 겠다.

2

유정 시전집을 기획하고 먼저 자료를 구하는 일이 급선무였다. 유족이 오랫동안 보관하고 있던 시집 『사랑과 미움의 詩』, 엔솔로지 『한국전후시집』, 『52인 시집』, 문예지와 잡지, 스크랩 북, 육필 시 원고 등을 조심스레 살펴보았다.

유정 시인은 시 작품을 세상에 남발하지 않았다. 일본어 시집 『春信』과 단가집 『傷魚集』은 구할 길이 없어 논외로 치더라도 시집으로 『사랑과 미움의 詩』가 유일하다.

유정은 조숙한 시인으로 경성공립고등보통학교 졸업을 앞둔 1939년 봄, 일본 도쿄로 건너 가 17살에 문예지 《와까꾸사(若草)》에 「소년 연모」를 발표한다. 이를 계기로 문학적 스승인 호리구치 다이가쿠〔堀口大學〕의 추천을 받아 1941년 일본어 시집 『春信』과 단가집 『傷魚集』이 연이어 간행된다.

유 시인은 상지대학(上智大學) 문학부 철학과에 입학하였으나 대동아전쟁이 치열해지자 1944년 7월에 1년만에 중퇴하고, 징집을 피해 고향 경성으로 귀향한 뒤 임시교원으로 있다가 1946년 공산 치하를 벗어나 단신 월남한다. 이후 고향의 혈육들과 영영 생이별하였다. 시인의 초기 시에는 고향에 두고온 혈육에 대한 그리움과 이별의 아픔, 고향의 풍정風情을 다룬 시편들이 주조를 이룬다.

1950년 여름, 유정은 종로에 있던 '조선문학가동맹' 사무소에서 의용군에게 강제 연행되어 북으로 끌려가던 도중 황해도 해주 인근에서 UN군의 포로가 되어 거제도 포로수용소에 수용된다. 여기에서 운명적으로 김수영을 만났다. 두 시인은 시적 경향이 달랐지만 여느 형제 못지않게 의기투합한다. 비슷한 시기에 포로수용소에서 석방된 두 사람은 서울로 돌아온다.

유정은 그 뒤 자유신문사, 중앙일보사 문화부장, 동화통신사 기획위원, 국방부 정훈국 전우신문 편집위원, 시사통신사 편집위원 등을 두루 거친다. 이 무렵 김수영, 박재삼, 박인환, 함윤수, 양명문, 유승규, 이어령, 이봉래, 조병화, 김문수 등 많은 문인들과 교류하면서 문학적 자장磁場을 넓혀 나간다.

3

유정 시전집 『램프의 시』에는 1957년 출간한 시집 『사랑과 미움의 詩』와 시집 출간 이후 여러 매체에 발표한 시, 미발표 시와 유고시 등을 빠짐없이 수록하고자 노력하였다.

편저자는 시전집 『램프의 시』를 읽으면서 유정의 시세계를 편의상 3기로 분류하고자 한다.

1기 : 일본에서 쓴 시

2기 : 1952년 무렵 거제도 포로수용소에서 석방된 뒤 서울에서 왕성한 시작 활동을 펼치며 1957년 첫시집 『사랑과 미움의 詩』을 상재하고, 그 뒤 10여 년간 왕성한 창작과 발표를 하다가 1968년 김수영 시인의 비명 횡사로 스스로 시필詩筆을 꺾는다.

3기 : 25년 남짓 오랜 침묵을 깨고 1991년 「삼십년 만에 다시 쓰는 시」 외 두 편을 《창작과비평》 가을호에 발표하고 시작 활동을 재개한 뒤 1999년에 별세한다.

■1기의 시

첫시집 『사랑과 미움의 詩』가 1957년 11월 홍자출판사에서 출간한다. 4×6판, 88쪽의 양장본으로 다소 얄팍한 시집이다. 그러나 당시 열악한 출판 사정으로 미루어 볼 때 결코 가볍다고만은 볼 수 없다.

시집 『사랑과 미움의 詩』에는 1기와 2기가 혼재되어 있다. 시집의 전반부인 '사랑과 미움의 시'에는 「형제」, 「꽃새암」, 「최후의 꽃」, 「박인환 만가」, 「보들레르」, 「램프의 시(5)」, 「경고자」, 「램프의 시

(3)」, 「시」, 「종로취가」, 「관모봉 아랫마을」, 「진눈깨비」, 「램프의 시(1)」, 「깨어진 방」 등 14편과 후반부 '소년 연모'에는 「소년 연모」, 「여인 미소」, 「가는 봄」, 「조그마한 무덤 앞에」, 「홍안의 아침」 등 모두 19편의 시가 실려 있다.

1기 시는 일본에서 창작한 시편을 들 수 있다. 시집 후반부 '소년 연모'에 실린 「소년 연모」, 「여인 미소」, 「조그마한 무덤 앞에」, 「홍안의 아침」, 「가는 봄」 등 5편은 일본어 시집 『春信』에 실렸을 것으로 추측된다. 이들 서정시는 북방의 정서와 닿아 있는데 고향 선배 김종한과 이용악 시인의 영향이 자리잡고 있다 하겠다.

■2기의 시

유 시인은 월남한 뒤 6,25전쟁의 참상을 겪고, 서울로 돌아온 뒤 박인환, 김수영 등과 깊이 교유交遊하면서 시 세계를 넓혀 나갔다. 청록파 시인들의 뒤를 이어서 한국 시단의 신예들과 어울리면서 일제강점기와 6,25전쟁의 참상을 겪으며 폐허화된 한국인의 일상과 어두운 도시의 퇴폐와 환락을 시화하고 있다.

2기시는 『사랑과 미움의 詩』의 전반부 '사랑과 미움의 시'의 「형제」, 「꽃새암」, 「최후의 꽃」, 「박인환 만가」, 「보들레르」, 「램프의 시(5)」, 「경고자」, 「램프의 시(3)」, 「시」, 「종로취가」, 「관모봉 아랫마을」, 「진눈깨비」, 「램프의 시(1)」, 「깨어진 방」이라 할 수 있다.

또한 시집 이후에 발표·미발표한 시들 가운데 2기에 해당하는 시편은 「소곡」, 「가슴에 이는 불」, 「할렐루야」, 「초동의 노래 방문자」, 「아베 마리아」, 「검은 재」, 「비밀한 일과」, 「검푸른 물」, 「초여름의 하늘 밑에서」, 「상춘동가」, 「휴식」, 「없을 보람의 노래」, 「성야」, 「이방인」, 「오오 사월에」, 「콩나물」, 「비명」, 「낙방한 소년의 독백」, 「김수영의 시신 옆에서 부른 애가」 등이다.

6,25전쟁의 상흔으로 깊은 상채기를 안고 있는 북에 두고온 혈육에 대한 그리움, 어린날의 추억 등이 녹아있는 「형제」, 「꽃새암」, 「최후의 꽃」, 「관모봉 아랫마을」, 「진눈깨비」, 「소곡」, 「비밀한 일과」, 「검푸른 물」, 「없을 보람의 노래」, 「상춘동가」, 「낙방한 소년의 독백」 등은 1기 시의 연장선상의 시편이라 할 수 있다.

사회적 영향, 현대인의 고독과 슬픔, 심상을 소재로 한 시편은 「가슴에 이는 불」, 「초동의 노래」, 「휴식」, 「이방인」, 「오오 사월에」, 「콩나물」, 「비명」, 「램프의 시(5)」, 「경고자」, 「램프의 시(3)」, 「경고자」, 「램프의 시(1)」 등이다. 신앙 고백시로 「할렐루야」, 「아베 마리아」, 「성야」를 들 수 있고, 유학을 떠난 아들에게 주는 「살아남기」, 「내 유산」은 가족에 대한 애틋한 심정을 토로하고 있다.

무엇보다 시와 예술가에 대한 열망을 담은 「박인환 만가」, 「보들레르」, 「시」, 「방문자」, 「검은 재」, 「초여름의 하늘 밑에서」, 「김수영의 시신 옆에서 부른 애가」 등이 이채롭다.

그러나 김수영이 1968년 6월 16일 불의의 사고로 타계하자 유정은 「김수영의 시신 옆에서 부른 애가」를 끝으로 절필한다. 백아절현伯牙絶絃이랄까? 거문고 명인 백아는 자기의 음악 세계를 깊이 알아주던 친구 종자기의 죽음을 애도하며 거문고의 현을 끊어버리듯 유정 시인 또한 스스로 시필을 꺾는다. 김수영의 타계는 유정에게 과연 어떤 의미였을까?

조시 「金洙暎의 시신 옆에서 부른 哀歌」에서 “책상 위에 쓰다만 원고지도 놓였는데, 책상 앞에 반듯이 방석도 놓였는데//간간이 들려오던 그 기침소리가 이젠 없구려. 빼지고 마른, 그러나 따스하기 그지없던 그 널따란 손이 없구려. 놀라기를 잘하던 곧이듣기를 잘하던, 그 커다란 눈이 없구려. 아아 당신이 좋아하던, 그리고 못견디게 당신을 좋아하던, 이 모든 것들을 남겨둔 채, 홀홀히 혼자서 당신은 어디로 갔소?"라고 절규한다.

■3기의 시

제3기는 절필 이후에 쓴 시편들이다. 유정 시인은 김수영의 청천벽력같은 죽음을 목도하고 상처를 치유하는 데 무려 25년의 시간이 걸린다.

유정의 미발표작으로 「이십오년 만의 시」, 「국회 옆에서」를 쓴다. 1991년《창작과비평》가을호에 「삼십년 만에 다시 쓰는 시」, 「숨어서 우는 새」, 「활극」 등 세 편을 싣는다. 미발표 시로 「세상에 가엾은 존재」, 「새와 시인」, 「유민에게」가 있고, 유작으로 「망향」이 있다. 동시 「개구리 소리 듣는 밤」, 「아가 가는 길」도 시전집에 함께 수록한다.

4

지난 해 여름, 세리카와 선생과 유민 교수, 나 이렇게 셋이서 서울 도봉구의 김수영문학관을 찾아갔다. 그날 따라 간간히 여름비가 내리다 말다 했다. 김수영문학관 2층 전시실 입구에 전시된 유정 시인의 육필 「金洙暎 哀歌」를 보면서 그저 가슴이 먹먹해졌다.

유민 교수는 “김수영 아저씨는 아버지의 제일 친한 친구였습니다. 교통사고 비보를 들은 그날 저녁은 저에게도 잊을 수 없는 밤이었습니다. 수영 아저씨가 원고료를 조금 받아서 함께 약주를 하시고 들어오셨는데 불과 몇 시간 뒤 비보를 접하신 겁니다. 아버지가 그렇게 엉엉 우시는 모습은 처음 보았습니다. 그때 쓰신 김수영 애도시 육필이 도봉구 김수영문학관 2층 맨 앞에 전시되어 있습니다. 그리고 그 슬픔을 감당하지 못하시고 거의 20여 년 절필하다시피 하셨습니다.”고 두 분의 우정을 추억하고 있다.

유정 시인은 김수영 시인과 거제도 포로수용소에서 처음 만났고, 석방된 뒤 남다른 애정으로 서로를 감싸안고 따스하게 사셨다. 그러하니 불의의 사고로 유명을 달리한 김수영 시인을 가슴에 묻고 25년 넘게 유 시인은 시를 버리고 그 통한의 슬픔을 감내하였다고 볼 수 있다.

유정 시인이 시필을 꺾은 것은 시단을 위해서 너무나 애석한 일이 아닐 수 없다. 그 대신 일본문학 전문가로서 일본 근대·현대시인들과 무라까미 하루끼 소설을 번역하여 한국문단과 독자들에게 신선한 충격을 안겨주었다. 대학교수로 후학들을 지도하는 한편 일본문학 연구자로, 번역가로 왕성한 활동을 펼친다. 자기의 시를 버리는 대신 일본문학을 한국문학에 이식하는 가교 역할을 충실하게 담당하였다. 그리하여 가장으로서의 책무를 충실하게 수행하였다고 보여진다.

2022년 탄생 백주년을 맞은 유정 시인을 추모하면서 펴내는 유정 시전집 『램프의 시』가 한국시문학사에서 매몰된 시인의 시작품과 시정신을 복원하는데 크게 기여하리라 굳게 믿는다. 최선을 다해 시를 모았으나 애석하게도 빠진 시들이 있을 터, 그것은 또다른 눈 밝은 편집자를 기다릴 밖에 도리가 없다.

현대사의 암울한 시대를 비춘 외로운 시혼인 『램프의 시』가 새로운 독자들의 가슴에 램프의 불을 지피기를 바라는 마음 간절하다.

2024년 오월
삼가 박진형 쓰다

행길 옆 배추밭 언덕길을 넘어서면
마포구 구수동 四十一의 二번지 十여년을
하루같이 당신이 쌓아올린, 조그마한 벽
돌집이 여기에 있소, 정성스런 그 손길
이 어줴하지 다듬없을 조촐한 뜨락이
여기에 있소, 작은 바람결에도 흔들려 마
지않는, 뱀풀, 딸기풀, 패랭이꽃, 초롱꽃‥
당신이 손수 짰다는 통나무 물방아시
렁 위를, 열심히 기어넘는 등넝쿨도 넝
쿨장미도 바로 귀기에 있는데, 모두가

金洙暎哀悼

柳呈

해말간 하늘이 있소、 흰 구름이 떠 있소、
내려쬐는 유월의 햇살이 있소、 저만치
푸르른 강물이 있소、 당신이 아침저녁
거닐던 들길이 있소、 조그마한 다리가
있소、 모두다 그대로 있소、